Plauen und Umgebung von oben

Historische Luftaufnahmen von 1928

Rudolf Laser

Gerd Naumann

Thomas Wöllner

Kerschensteiner Verlag
Zweite überarbeitete Auflage 2005

© Kerschensteiner Verlag, Lappersdorf 2005
Alle Rechte vorbehalten

Satz: dolp & partner · Lappersdorf
Printed in Germany

ISBN 3-931954-11-0
Zweite überarbeitete Auflage
(ISBN 3-931954-10-2 Erstausgabe)

Abbildungsverzeichnis

1. Mittlere Stadt, Neundorfer- und Bahnhofsvorstadt
2. Alte Elsterbrücke, Einmündung von Syra und Mühlgraben, Neustadtplatz
3. Stadtkern, Industriegebiet an Elster und Mühlgraben
4. Industrie beiderseits der Elster, Unterer Bahnhof, Stadtgebiet
5. Westliche Bahnhofsvorstadt
6. Albertplatz, östliche Bahnhofsvorstadt, Pauluskirchviertel
7. Östliche Bahnhofsvorstadt, Pauluskirchviertel (1)
8. Östliche Bahnhofsvorstadt, Pauluskirchviertel (2)
9. Unteres Pauluskirchviertel, hintere Hammerstraße
10. Oberer Bahnhof, Bärensteinviertel, westliche und östliche Bahnhofsvorstadt
11. Oberer Bahnhof, bahnnahes Haselbrunn
12. Stadt- und Kuntze-Park
13. Südliches Haselbrunn und nördliche Bahnhofsvorstadt
14. Haselbrunn, Preißelpöhl, innere Stadt, Neundorfer Vorstadt
15. Westliches und mittleres Haselbrunn
16. Industriebetriebe im nördlichen Haselbrunn, Althaselbrunn
17. Westliches Haselbrunn (Wartburgplatzviertel)
18. Mittleres Haselbrunn
19. Schlachthofs- und Preißelpöhlviertel
20. Preißelpöhlgebiet
21. Nördliches und nordöstliches Stadtgebiet
22. Industriegebiet hintere Hammerstraße
23. Industriegebiet hintere Hammerstraße, Elsteraue
24. Reusa, Industriebereich hintere Hammerstraße
25. Städtisches Krankenhaus, westliches Reusa
26. Reusa
27. Hauptfriedhof
28. Kleinfriesen
29. Nördliches Kleinfriesen, Freibad „Waldfrieden"
30. Reusa, Reusaer Wald und Hauptfriedhof
31. Ostvorstadt mit Sandgrubengelände
32. Elster, Bahnlinie, Hofer Vorstadt
33. Fabriken an Elster und Mühlgraben, Unterer Bahnhof
34. Oelsnitzer Straße, Sandgrubengelände, „Sauinsel"
35. Südvorstadt
36. Reinsdorf
37. Kemmler, Alte Oelsnitzer Straße
38. Südlicher Stadtrand, Reinsdorf, Kemmler, Brand bis Oberlosa
39. Gebiet zwischen Sattlerberg, Schwarzem Holz und Unterlosa
40. Westliches Plauen, Industriebetriebe an Elster und Mühlgraben
41. Südwestlicher Stadtrand, „Vomag"-Werk II
42. Dittrichplatzviertel, Sternplatz
43. Dittrichplatzviertel
44. Dittrichplatzviertel, Neundorfer Straße, Westbahnhof
45. Äußere Neundorfer Vorstadt, Herrmannplatz
46. Nordwestlicher Stadtrand, Syratal-/Dobenaugebiet
47. Syratal
48. Elsterbogen, Kaserne, Westend, Neundorf
49. Westendviertel, Kaserne, Siedlung Neundorf (1)
50. Westendviertel, Kaserne, Siedlung Neundorf (2)
51. Westliche Bahnhofsvorstadt – Südvorstadt, von Neundorf – Straßberg
52. Syrau (1)
53. Syrau (2)
54. Kauschwitz
55. Flugplatz Plauen
56. „Tannenhof" mit Radrennbahn
57. Kauschwitz, ehemaliger Flugplatz, Radrennbahn am „Tannenhof"
58. Holzmühle
59. Jößnitz (1)
60. Jößnitz (2)
61. Gebiet zwischen Jößnitz und Waldgrün
62. Reißig (1)
63. Reißig (2)
64. Gebiet zwischen Röttis (Bahnlinie Plauen – Reichenbach) und Pöhl
65. Chrieschwitz (1)
66. Chrieschwitz (2)
67. Chrieschwitz, nördliche Hammervorstadt und Preißelpöhl
68. Möschwitz
69. Voigtsgrün
70. Großfriesen
71. Großfriesen, „Lochschänke", Theuma
72. Tauschwitz
73. Stöckigt
74. Thiergarten
75. Straßberg
76. Kürbitz
77. Siedlung Neundorf, Unterneundorf
78. Rittergut Neundorf
79. Oberneundorf
80. Zwoschwitz
81. Gebiet zwischen Zwoschwitz, Oberneundorf und Dittrichplatzviertel

Pläne

Signatur
A. Stadtplan 1:10 000, Plauen, bearbeitet im Stadtvermessungsamt April 1930
B. Stadtplan 1:10 000, Plauen, bearbeitet im Stadtvermessungsamt Juni 1939
C. Flurkarte 1:10 000, Plauen, bearbeitet im Stadtvermessungsamt 1995
D. Lageplan (Auszug aus der digitalen Stadtkarte) 1:10 000, FG Geoinformation und Vermessung Plauen, 2004
E. Die Kreisstadt Plauen mit Umgebung 1:25 000, 1930

Abb. 1 *Kleinverkehrsflugzeug M 18 b*

Vorbemerkungen

Erst im ausgehenden 18. Jahrhundert wurde der alte, mythische Menschheitstraum wahr, die Welt im Fluge zu erleben. Heißluft- und Wasserstoffballon, Zeppelin und Flugzeug, eine Art technologische Entwicklungsreihe, boten immer überraschendere Blicke von ungeahnter Schönheit und Aussagekraft.
Ende der 20er Jahre hatte die Luftfahrttechnik, besonders in den am 1. Weltkrieg (1914–18) beteiligten Staaten, einen hohen Entwicklungsstand erreicht. Die Zukunftsbranche „Luftfahrt" besaß auch in Deutschland zahlreiche hervorragende Konstrukteure, Techniker und erfahrene Piloten. Auch die von Plauen und seinen umliegenden Ortschaften entstandenen Aufnahmen sind in diesem Zusammenhang zu sehen.
Im ersten 1925 von E. Ewald veröffentlichten Bildband „Deutschland aus der Vogelschau" ist eingangs zu lesen: „Das Luftbild zeigt die Schönheit der Landschaft von einem neuen Standort, wir haben gleichsam andere Augen erhalten."
Wohl ebenso fasziniert wird der aufmerksame Leser die Fotos seiner Heimatstadt und deren Umland betrachten. Damals vermochten die meisten noch jedes Gebäude Plauens zu finden; vielleicht mit dem freudigen Ausruf „Schaut, hier ist unsere Straße, unser Haus, meine Schule oder der Betrieb, in dem ich arbeite". Seitdem sind ein dreiviertel Jahrhundert, eine lange Zeit, vergangen. Besonders die schweren Verwüstungen von 1944/45 haben das Antlitz der Stadt großflächig verändert, ebenso die oftmals gewollt zerstörerische Beräumung und politisch motivierter Abriß beschädigter Gebäude (Staatsgymnasium, Café Trömel u.a.). Der in den frühen 50er Jahren einsetzende, städtebauliche Traditionen bewußt vernachlässigende Wiederaufbau (Altstadtbereich, Tunnel, Schloß, alte Realschule in der Syrastr., Haupteingang Neues Rathaus u.a.) tat das Übrige. Die seit 1990 begonnene und bis in die jüngste Zeit andauernde bauliche Entwicklung, mit ihrem Hang zum Großen und Aufwändigen („Stadtgalerie" und ähnliche „Tempel des Konsums"), führte zu neuen, nicht immer überzeugenden innerstädtischen Strukturen.
Der älteren Generation wird so manches Abgebildete verklärt in Erinnerung zurückkehren. Den Jüngeren soll die Stadt unzerstört nahe gebracht werden.
Vor allem die Senkrechtaufnahmen aus großer Höhe lassen das dichte Straßen- und Wegenetz, die Plauen berührenden und davon ausgehenden Bahnlinien aber auch seine weit ursprünglichere, waldreiche Umgebung mit ihren Hügelkuppen, das Elstertal, die sich unverbaut dahinschlängelnden Bäche und besonders jene noch ihre gewachsene Form zeigenden Dörfer erkennen. Vieles hat sich seitdem verändert, neue Siedlungen, Ortserweiterungen und Baulichkeiten sowie Straßenführungen und die Autobahn sind entstanden. Wo sich die Trieb noch durch den Wiesengrund windet und Pöhl mit Kirche und Schloß auszumachen sind, erstreckt sich heute die Talsperre mit ihren gänzlich anderen Reizen.
Den Autoren lagen 160 im Oktober 1928 aufgenommene Luftaufnahmen als 13 x 18 cm Kontaktabzüge im Original vor, davon wurden 84 ausgewählt und abgebildet. Ihre Herkunft ist auch mit den Wirren und schwierigen politischen Umständen der Jahre 1945/46 verknüpft. Nicht auszuschließen ist, daß schon 1928/29 (?) einzelne Originalfotos in Privathand gelangten. Vom Stadtarchiv Plauen, das insgesamt 192 Luftaufnahmen und die dazugehörigen Glasplatten aus dieser Zeit besitzt, erhielten wir 11 Fotos, von denen sechs zum Abdruck kamen[1]. Dafür sind wir Frau M. Röber sehr dankbar. Weitere Bildgeber sind das Stadtarchiv Nürnberg (Abb. II) sowie Ch. Cichorius, Seligenstadt (Abb. I), auch ihnen gilt unser Dank.

Was dem vorausging …

Die ersten Luftbilder entstanden 1858 von einem Ballon aus, sie galten Paris. Akteur war der französische Künstler und Fotograf G. F. Nadar (eigentlich Tournachon, 1820–1910), der schon früh erkannte, daß fotografische Aufnahmen aus der „Vogelschau" topografisch wichtige Aufschlüsse vermitteln konnten, und, daß es durch die geometrischen Zusammenhänge zwischen Bild und Gelände möglich sein müsse, aus Luftaufnahmen topografische Karten herzustellen. Noch aber fehlten dazu die wichtigsten technischen Vorraussetzungen; vieles war von Zufällen abhängig.
Das nachweislich erste deutsche Luftbild wurde 1887 bei Zehdenick, Brandenburg, von einem Fesselballon aus aufgenommen. Alle weiteren Fortschritte hingen wesentlich von der Entwicklung der Luftfahrttechnik ab. Einen großen Schritt nach vorn boten die seit 1900 erbauten Zeppeline, deren Beweglichkeit gegenüber dem freifahrenden oder an einem Halteseil hängenden Ballon neue Möglichkeiten eröffneten. Von entscheidender Bedeutung war jedoch das rasche Aufkommen der Motorflugzeuge, die sich um 1910 endgültig durchsetzten[2]. Am weitesten fortgeschritten war die Fliegerei in Frankreich. Bei Armeemanövern 1910 wurden erstmals Flugzeuge zur Luftaufklärung eingesetzt und dabei auch Luftaufnahmen gemacht. Zu Beginn des 1. Weltkrieges (1914–18) besaßen beide Seiten kaum „kriegstaugliche" Flugzeuge. Erst ab 1915 erfuhren deren Leistungen eine beispiellose Steigerung[3].
Große Fortschritte machte auch die Luftbildfotografie im Dienste der Front- und Fernaufklärung. Während anfangs noch mit Handkameras aus der offenen Maschine fotografiert wurde, folgten später unter dem Rumpf befestigte Kameras mit Visiereinrichtung, die frei bewegt werden konnten. Das wohl erste spezielle Aufnahmegerät war die um 1916 bei Carl Zeiss, Jena, entwickelte „Fliegerkamera 50" mit 500 mm Objektivbrennweite und einem Bildformat von 13 x 18 cm, die, elektrisch beheizt, auch bei niedrigen Temperaturen funktionsfähig blieb. Mit ihr waren Schrägaufnahmen aber keine Reihenaufnahmen von Senkrechtfotos möglich.
Die während des Krieges gewonnenen fliegerischen und luftbildtechnischen Erfahrungen führten in den frühen 20er Jahren zur Gründung mehrerer, meist kurzlebiger Firmen, die sich mit der Aufnahme, Auswertung und Vermarktung von Luftaufnahmen beschäftigten[4]. Vornan standen dabei Schrägaufnahmen, die einem breiten Interessentenkreis den „Blick aus der Höhe" nahebrachten.
Systematische Senkrechtfotos für kartografische Zwecke waren eng mit der Entwicklung von Reihenmeßkameras, Stereoauswertegeräten und Verfahren zur Bildentzerrung verbunden. Die 1926, ebenfalls bei Carl Zeiss, Jena, gebaute Reihenmeßkamera (RMK C/3) mit 210 mm Objektivbrennweite und 18 x 18 cm Bildformat[5] blieb noch für Jahrzehnte richtungsweisend. So entstanden 1927/28 erstmals Luftbildpläne von Berlin im Maßstab 1 : 4 000. Die Aufnahmen dazu wurden vorher entzerrt, auf den einheitlichen Maßstab des Kartengrundrisses gebracht, fotografiert und reproduziert.

Dann war es soweit ...

Den von der „Nordbayerischen Verkehrsflug G.m.b.H." am 16. Oktober 1928 vom Plauener Flugplatz aus unternommenen zwei Fotoflügen gingen mehrere, schon für Ende September geplante Flugtermine voraus[5]. Plötzliche Wetterverschlechterung (diesig, zu starke Bewölkung), einmal auch, weil die dafür vorgesehene Maschine, eine viersitzige M 18b[7] (Abb. I), wegen eines Verkehrsfluges, nicht zur Verfügung stand, zwangen zur Verschiebung. Anzumerken ist, daß es für den Fotoflug einer entsprechenden Umrüstung bedurfte. So wurde ein Sitz entfernt, um die Aufhängevorrichtung mit der schweren, durch den Rumpfboden fotografierenden Kamera, einschließlich Zubehör, unterzubringen.

An einem jener klar-blauen Herbsttage, an dem der längst vergangene Sommer über Mittag kurzzeitig zurückzukommen schien, war es dann soweit, die aus Bayreuth eingeflogene D-1326[8] (Abb. II) stand bereit ...

Schon am Abend zuvor hatte es aufgeklart, die Nacht zum Dienstag, dem 16. Oktober, war windstill und frostig kalt. Früh 7^{00} meldete die ehemalige Plauener Wetterwarte bei wolkenlosem Himmel und Bodennebel eisige -4,1 °C. Die starke Sonneneinstrahlung erwärmte die Luft bis 14^{00} auf 8,2 °C. Erst nachmittags kamen, wie die aus geringerer Höhe gemachten Schrägaufnahmen zeigen, einzelne, an ihren Schatten zu erkennende Wolken auf. Die Sichtweite betrug etwa 10 km. Bis 21^{00} sank die Temperatur wieder bis 2,0 °C ab. Schon am folgenden Tag, nachts war es frostfrei geblieben, zogen Schichtwolken auf, die eine milde Südwest-Wetterlage mit Niederschlägen ankündigten (s. Abb. III).

Im ersten, von 10^{05} bis 12^{45} dauernden Höhenflug ($\approx$ 4.500 m) entstanden die Senkrechtaufnahmen (fotogrammetrische, später entzerrte Bilder)[9].

Der zweite „Südost-Nordwest-Photoflug" fand von 13^{55} bis 16^{04} statt und lieferte die aus unterschiedlichen Höhen ($\approx$ 400 –1 500 m) gemachten Schrägaufnahmen[10]. Wegen der zu dieser Jahreszeit schon tiefstehenden Nachmittagssonne warfen vor allem hohe Bäume und Gebäude lange Schlagschatten, die zu reizvollen Überschneidungen führten (s. bes. Abb. 20 – Preißelpöhl).

Im nachhinein ist festzuhalten, daß, wegen der sich abzeichnenden Wetterverschlechterung, für die Luftaufnahmen nur ein Zeitraum von wenigen Stunden blieb. Aus den Protokollnotizen geht hervor, daß zwischen dem Ende des Höhenfluges (Senkrechtaufnahmen) und dem zweiten, des „Südost-Nordwest-Photofluges" (Schrägaufnahmen aus unterschiedlichen Höhen) nur 70 Minuten lagen, die wohl hauptsächlich zum Auftanken, zu Wartung sowie Ent- und Beladung (Fotoplatten) der Maschine gebraucht wurden. Für die dreiköpfige Besatzung dürfte die Zeit für ein ausgiebiges Mittagsmenü in der Plauener Flugplatzgaststätte sicher zu knapp gewesen sein ...

Die Tage vor und nach den Luftaufnahmen ...

12. Oktober 1928
1.) Regen
2.) Flugleiter teilt mit, daß die Maschine 1326 ab 13. ds. Mts. im Verkehr fliegt.

13. Oktober 1928
Für den Photoflug ist keine Maschine zur Stelle. Der Photoflug hätte auch unterbleiben müssen, weil Wetter ungeeignet.

14. Oktober 1928 (Sonntag)
Zum Photoflug ungeeignetes Wetter.

15. Oktober 1928
Persönl. Rücksprache mit der Nordbayrischen Verkehrs(flug)-G.m.b.H. und Photogrammetrie München wegen Weitergestellung einer Maschine zum Photoflug.
Wetter: aufklarend, aber zum Photoflug ungeeignet.

16. Oktober 1928
1.) Von 10,05 Uhr bis 12,45 Uhr Höhenflug für die Senkrechtaufnahmen.
2.) Von 13,55 Uhr bis 16,04 Uhr Südost-Nordwest-Photoflug.
Besatzung: Hochgesang, Paul und Fehre[11]

17. Oktober 1928
1.) 13–15 Uhr Besichtigung der am 16. Oktober aufgenomenen und entwickelten Platten.
2.) Photogrammetrie München übersendet 4 entzerrte Vergrößerungen als Probebilder.

Plauen, am 18. Oktober 1928
U. an das Stadtbauamt
mit der Mitteilung, daß die Photoflüge durchgeführt sind und der Bildflieger Paul wieder nach München zurückkehrt.

gez. Fehre[11]

Die Fotos lassen das sonnige Herbstwetter mit einem beinahe wolkenlosen Himmel deutlich erkennen. So entgeht der genauen Betrachtung nicht, daß im Stadtpark Spaziergänger die Wege beleben (Abb. 12), auf einigen Sportplätzen Fußball gespielt wird (Abb. 15, 24) und viele Hausfrauen die Gunst der Stunde nutzten und „große Wäsche" hielten, davon künden überall in Hausgärten und auf Rasenplätzen hängende oder zum Bleichen ausgelegte Wäschestücke. Manche nebensächlich erscheinenden Einzelheiten belegen so, in einer Art Momentaufnahme, das Alltagsleben einer betriebsamen Stadt.

Sämtliche Luftaufnahmen sind, ähnlich einer Landkarte, „genordet" abgebildet. Das gilt besonders für die, überwiegend mit der Sonne im Rücken, von Südwest nach Nordost geflogenen Schrägaufnahmen. Der stets eingezeichnete Nordpfeil läßt die davon abweichende Flug- und somit Aufnahmerichtung erkennen. Als Orientierungshilfe sind den Fotos zwei Kartenausschnitte[12] gegenübergestellt. Sie machen, wie schon ausgeführt, die oftmals erheblichen Veränderungen deutlich, die, vor allem nach den Zerstörungen von 1945, das heutige Stadtbild bestimmen. Darauf wurde dann verzichtet, wenn bei Schrägaufnahmen oftmals bis 8 km Luftlinie entfernte Ortschaften oder andere Objekte, perspektivisch stark verkürzt, noch auszumachen sind.

Die aus zwei oder drei Fotos zusammengesetzten, paßgenauen Höhenaufnahmen sind stets als e i n e Abbildung aufgeführt.

Die ausführlichen Bildbeschreibungen ermöglichen es, sich schnell zurechtzufinden und so selbst auf „Entdeckungsreise", zurück in die Vergangenheit, gehen zu können. Dabei waren textliche Wiederholungen, bedingt durch die sich überlappenden Reihenaufnahmen, nicht immer zu vermeiden. Straßen, Plätze, Schulen, Sportplätze, Fabriken und andere Einrichtungen sind stets nach dem Namensstand von 1928 aufgeführt; spätere Umbenennungen oder Veränderungen werden in ( ) stehend hinzugefügt. Bei besonderen sowie markanten Baulichkeiten ist das Jahr ihrer Fertigstellung in ( ) vermerkt. All jenes zu erwähnen, was noch im Bilde zu sehen ist, wurde nicht angestrebt; das Wesentliche aber dürfte genannt sein.

Vieles wird dem interessierten Beschauer vertraut, manches, weil nicht mehr vorhanden, fremd und daher „neu" sein. Spätestens jetzt ist er in die jüngere Geschichte Plauens eingetaucht. Dabei soll der Band ihn sicher geleiten, Anregungen bieten und Entdeckerfreuden wecken …

L.

Anmerkungen

[1] Die Abbildungen 2, 3, 6, 11, 32 und 43 entstanden, wie uns erst nach Drucklegung bekannt wurde, fast genau sechs Monate später, am 17. und 18. April 1929. Da diese Fotos das gleiche Format besitzen sowie wichtige Anhaltspunkte übereinzustimmen schienen, wurden sie irrtümlich dem Gesamtfundus von 1928 zugeordnet und mit aufgenommen. Für den Betrachter dürfte dies von untergeordneter Bedeutung sein; die Freude am Bild wird davon nicht geschmälert.

[2] Großen Anteil daran hatte L. Blériot (1872–1936), der mit seinem von einem 25-PS-Motor angetriebenen Eindecker am 25.7.1909 den Ärmelkanal von Calais nach Dover überquerte.

[3] 1915 betrug die Leistung von Jagdflugzeugen beider Seiten etwa 80 PS, 130 km/h Höchstgeschwindigkeit und um die 3 000 m Gipfelhöhe; bei Kriegsende 1918 dagegen 185 PS, 200 km/h und ca. 6 000 m Höhe. Noch eindrucksvoller sind die Vergleiche bei den mehrmotorigen Bombenflugzeugen. So gelang es im gleichen Zeitraum, deren Nutzlast von bescheidenen 150 auf etwa 5 000 kg (!) zu steigern.

[4] Die Luftbilder von Plauen und Umgebung (1928) wurden von der „Photogrammetrie G.m.b.H. München" getätigt, die mit einem stark erweiterten Leistungsangebot bis 2003 unter gleichem Namen fortbestand.

[5] Für unsere Plauen und seine Umgebung betreffenden Fotos kam noch eine „alte" Kamera mit einem Bildformat von 13 x 18 cm zum Einsatz.

[6] Über die den Luftaufnahmen (193) zugrunde liegenden städteplanerischen Erwägungen zur Auftragsvergabe an die „Photogrammetrie G.m.b.H. München" und den zuvor geführten Verhandlungen sowie zur späteren Nutzung der Fotos berichtet sehr ausführlich M. Röber 2004, 23 ff.

[7] 1927 stellten die ein Jahr zuvor in Augsburg gegründeten „Bayrischen Flugzeugwerke A.-G." die erste M 18 her. Der viersitzige, freitragende Schulterdecker, zunächst in Holz, später in Ganzmetall gebaut, hatte 15,60 m Spannweite und 24,80 qm Flügelfläche. Die zum Fotoflug über Plauen eingesetzte M 18b (D-1326) besaß einen 9-Zylinder Siemens-Sternmotor von 125 PS, wog 1 200 kg und konnte etwa 600 kg Zuladung bis zu 145 km/h schnell befördern.

Zu ihrer Zeit galt die M 18, die zur Standardmaschine der „Nordbayerischen Verkehrsflug G.m.b.H." wurde, als das zuverlässigste und wirtschaftlichste Kleinverkehrsflugzeug (≈ 0,60 RM/Flugkm !). Noch bis in die 40er Jahre standen leistungsstärkere M 18-Maschinen (M 18b-d) in mehreren europäischen Ländern sowie in Südamerika und China, auch als Vermessungsflugzeuge, im Einsatz.

[8] Diese Maschine hatte die Werksnr. 365 und wurde im Februar 1928 zugelassen. Bis November 1931 flog sie bei der „Nordbayerischen Verkehrsflug G.m.b.H." Bayreuth, danach für die „Deutsche Verkehrsflug A.-G." Fürth. Im Oktober 1933 wurde das Flugzeug zerstört; Einzelheiten dazu sind nicht bekannt. (Angaben: Ch. Cichorius, Seligenstadt)

[9] Bei diesen müssen zumindest zwei sich überlappende Fotos den abzubildenden Bereich erfassen.

[10] Mehrere davon waren ab Frühjahr 1929 als Postkarten erhältlich.

[11] A. Fehre war städtischer Vermessungsrat und flog als ortskundiger „Navigator" mit.

[12] Diese sind dem Stadtplan 1 : 10 000 von 1930 und Plänen gleicher Maßstäbe (s. S. 3) von 1939, 1995 und 2004 sowie einer Karte 1 : 25 000 von 1930 entnommen. Bei den von G. Naumann bearbeiteten Kartenausschnitten mußte von vornherein auf die vollständige Wiedergabe der auf dem Foto sichtbaren Gesamtfläche verzichtet werden, weil die Entzerrung (Umwandlung der dreidimensionalen Schrägaufnahme in ein zweidimensionales Kartenbild) ohnehin zu Formatveränderungen führt. Die ausschließlich querformatigen Fotos nehmen in ihrer Umsetzung zum Kartenausschnitt quadratische, häufiger noch hochrechteckige Gestalt an.

Um ein einheitliches Erscheinungsbild zu erzielen, wurde überwiegend ein Rastermaß von 12,3 x 11,2 cm gewählt. In ihm ist das Zentrum der Aufnahme stets erfaßt, allerdings mit dem Nachteil, daß nicht sämtliche beschriebenen randlichen Bereiche darin enthalten sind.

Bei den Senkrechtaufnahmen aus großer Höhe wurde auf Kartenausschnitte gänzlich verzichtet, weil die so entstandenen fotogrammetrischen Bilder schon weitgehend einer „Karte" entsprechen.

Abb. II *Kleinverkehrsflugzeug M 18 b D-1326 auf dem Flugplatz Bayreuth. Aus dieser Maschine wurden sämtliche Aufnahmen von Plauen und den umliegenden Ortschaften gemacht.*

Wetterberichte.

Beobachtungen an der Wetterwarte
Plauen i. V., 372,1 m über N. N.

	15. 10 14 Uhr	15. 10. 21 Uhr	16. 10. 7 Uhr
Luftdruck reduz. 0°C und Meereshöhe	767,1	769,7	772,4
Temperatur C°	+6,2	−0,4	−4,1
Luftfeuchtigkeit %	50	87	94
Windrichtung	SSO	SSO	still
Windgeschwindigkeit	3 scm	2 scm	0 scm
Himmelsbedeckung	8/10	0/10	0/10
Wolkenformen	Haufenwlk	wolkenlos	wolkenlos, Nebel
Sicht in km	6	—	0,2

Witterungsverlauf seit gestern morgen: Trocken, tags teilweise heiter und Temperaturanstieg, nachts klar, Strahlungsfrost, Morgennebel, Reif.

Höchste Temp. +6,9. — Tiefste Temp. −5,4.
Sonnenscheindauer in Stunden: 5,1 = 47,2 %.
Niederschlag in den letzten 24 Stunden 0,0 mm = Liter auf 1 Quadratmeter

Wetterlage: Das nordwestliche Tief ist nordostwärts gezogen; sein Kern bedeckt mit 730,2 mm Westmannö, Island. Auf dem Festlande hat sich der Luftdruck noch gekräftigt (Lemberg 772,4 mm). Unter seinem Einflusse ist Aufheiterung und nachts stärkerer Strahlungsfrost eingetreten (Plauen tiefste Temperatur −5,4 Grad C.). Da das Tief sich weiter über Nordeuropa ausbreiten wird und der hohe Luftdruck im wesentlichen seine Lage beibehalten dürfte, ist im Vogtlande bei lebhafteren südlichen Winden zunächst mit Fortdauer des trockenen, mehrfach heiteren Wetters zu rechnen, später sind Bewölkungszunahme und Temperaturanstieg zu erwarten.

Wetteraussichten für Mittwoch: Lebhaftere südliche Winde, Nachlassen der Nachtfröste, anfangs noch mehrfach heiter, tags milder, später Bewölkungszunahme.

Wetterberichte.

Beobachtungen an der Wetterwarte
Plauen i. V., 372,1 m über N. N.

	16. 10 14 Uhr	16. 10. 21 Uhr	17. 10 7 Uhr
Luftdruck reduz. 0°C und Meereshöhe	771,0	771,9	770,9
Temperatur C°	+8,2	+2,0	+1,4
Luftfeuchtigkeit %	41	65	89
Windrichtung	S	S	S
Windgeschwindigkeit	3 scm	3 scm	5 scm
Himmelsbedeckung	0/10	0/10	10/10
Wolkenformen	wolkenlos	wolkenlos	Schichtwlk
Sicht in km	10	—	3

Witterungsverlauf seit gestern morgen: Trocken, heiter, tags milder, nachts klar, in den Morgenstunden Beginn schwacher Bewölkung.

Höchste Temp. +8,5. — Tiefste Temp. −0,9.
Sonnenscheindauer in Stunden: 8,2 = 76,6 %.
Niederschlag in den letzten 24 Stunden 0,0 mm = Liter auf 1 Quadratmeter

Wetterlage: Während das festländische Hoch seine Lage beibehalten hat, breitet sich die nordwestliche Depression über die Nordstaaten Europas aus. Dadurch sind nordwestliche Winde und Bewölkungszunahme eingetreten. Dieser Witterungscharakter wird sich bei langsam ansteigender Tagestemperatur auch morgen Donnerstag erhalten.

Wetteraussichten für Donnerstag: Südwestliche Winde, wolkig, zeitweise Niederschlag, mild.

Abb. III *Ausführlicher Wetterbericht der ehemaligen „Wetterwarte Plauen i. V."*
für den 15. und 16. Oktober 1928 (aus „Vogtländischer Anzeiger").

1 Mittlere Stadt, Neundorfer- und Bahnhofsvorstadt

Im Zentrum der Aufnahme liegt die Altstadt mit Altem und Neuem Rathaus, Lutherkirche, Altmarkt mit Reiterdenkmal von König Albert (1907). Johanniskirche mit Komturei, Topfmarkt, Malzhaus, Rähme, Pforte; Klostermarkt, „Tunnel", Lohmühlenanlage, gegenüber, an der Syrastraße die 1837-41 erbaute ehemalige Realschule (zuletzt Jungen-Berufsschule), Café Trömel (1904), Stadttheater, Warenhaus J. Tietz (später „Union", zuletzt „Horten"), Hauptpostamt (1875), Bahnhofstraße mit sich nordöstlich anschließender Bahnhofsvorstadt.

N: Stadtpark, Oberer Bahnhof, Bahnbogen, südliches Haselbrunn, Stickereiwerke Plauen A.-G. Wielandstraße, Karolastraße.

O: obere Lessingstraße (angeschnitten), Pauluskirche, Schloß (Amtsgericht), Neustadtplatz.

S: Mühlgraben, Weisbachsches Haus.

W: Mühlenstraße, Rosentreppe, Straßberger Straße, Ecke Marienstraße Gaststätte „Centralhalle", die 1876 erbaute Krauseschule (angeschnitten), darüber Seminarstraße mit ehemaligem Lehrerseminar (1845; später Hilfsschule), Rückfront der Städtischen Gewerbeschule (1913). See-/Friedrichstraße (angeschnitten), Neundorfer-/Engelstraße; Katholische Kirche (1902), nördlich davon Friedrich-August-Brücke (1905), davor Weberei L. O. Hartenstein, dahinter Meinhold & Sohn, Dobenaustraße, von großen Geschäftshäusern linksseitig gesäumte Breite Straße, darüber Bärenstein mit Aussichtsturm; Hain-, Dobenau- und Haußnerstraße (Rückfront), Streitsberg, Kauschwitzer Straße mit „VFC"-Sportplatz und Kuntze-Park.

L.

2 Alte Elsterbrücke, Einmündung von Syra und Mühlgraben, Neustadtplatz

Die aus mittlerer Höhe entstandene Schrägaufnahme zeigt besonders das Gebiet zwischen Altstadt und der erstmals 1244 erwähnten Elster- (König-Albert-Brücke) mit der 1939 abgerissenen unteren Mühle (Kreuzermühle), das gegenüberliegende, 1332 gestiftete, ehemalige St. Elisabeth-Hospital (bis 1945 Sauerkrautfabrik E. Schlichting; 1959 als Ruine beseitigt), darüber Neustadt, rechts davon Gerberplatz, darunter, an der Elster, Bleicherei und Färberei J. G. Seyfert, Gerberstraße

N: Oberneundorf, Warthübel (Höhe 467,5), Umgebung von Schneckengrün, am Horizont Waldgebiet Mittelhöhe, vorgelagert Zwoschwitz mit Kulm, Dürrgut.

O: Kauschwitz mit Gutspark, darunter Stadtwald („Fuchsloch"), Bärenstein mit Turm, Wohnquartier zwischen Reichs- und Bahnhofstraße, vordere Hammer-/ untere Fürstenstraße.

S: Bleicherei und Färberei C. C. Münzing (später J. Witt, Textilausrüstungswerk), Elster, Reichenbacher Straße mit Betonhochspannungsmasten, südlich abgehende Moor- und Trögerstraße mit Gerberei und Lederfabrik C. Tröger, darüber König-Albert-Bad (1912; später Stadtbad), Schwarzer Steg (1884), links davon Angerschule (1875), linke Elsterseite Hofwiesenstraße, rechts Bleicherei und Färberei F. A. Hempel, nördlich davon ehemaliges Kesselhaus H. Francke, Färberstraße.

W: Hofer Straße, Elster (angeschnitten), Kreuzung Hofwiesen-/Trockentalstraße, Diesterwegschule, Kaserne, rechts davon Industriewerke.

Bm: Altes und Neues Rathaus, Altmarkt mit Reiterdenkmal, Malzhaus, Rähme, Johanniskirche, davor Veredlungswerk G.m.b.H. und sein mit 85 m ehedem höchster Schornstein Plauens; rechts vom Neuen Rathaus Lutherhaus (1908), Melanchthonstraße, Nonnenturm, „Tunnel", Lohmühlenanlage, Rückfront von Café Trömel, Schloß, Amtsgericht.

obere Bm: Aktienbrauerei-Esse, davor Katholische Kirche, darüber Syratalbrücke; Breite Straße mit Friedrich-August-Brücke, dahinter Straßenzug Hain-/Haußnerstraße.

L./W.

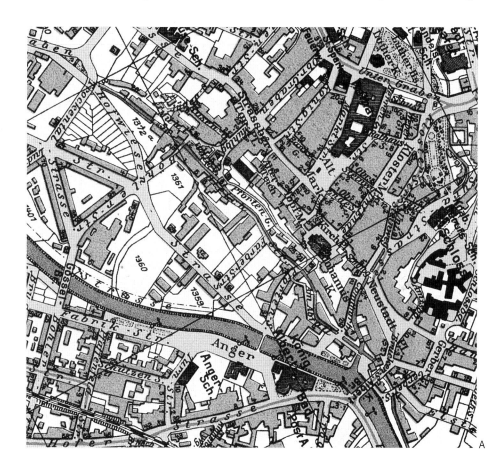

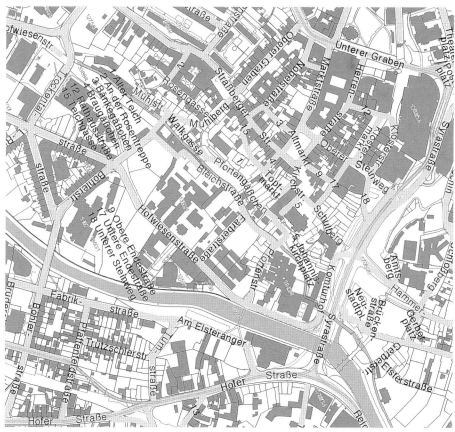

3 Stadtkern, Industriegebiet an Elster und Mühlgraben

Die aus nordöstlicher Richtung geflogene Gegenlichtaufnahme zeigt die gesamte Alt- und Innenstadt sowie die Industrieansiedlung in der Elsteraue.

S: Burgholz, rechts daneben Burgteich, als heller Streifen zu erkennen; westlich davon, zur Elster hin abfallend, der „Zottner"; südlich des Burgteiches Thiergarten, in der Elsteraue „Vomag"-Werk II, nordwestlich Straßberg, Straßberger- und Alte Straßberger Straße (hell besonnt), am westlichen Stadtrand Diesterweg- und Dittesschule (1913, 1905).

W: oben Neundorf, südlich am Rand Staatsgymnasium Ecke Blücher- und Pestalozzistraße, darunter Dittrichplatz, südlich Dobenaustraße, Weststraße mit Einmündung Bärenstraße, östlich davon Schornstein der Sächsischen Elektrizitäts- und Straßenbahngesellschaft (Werkstatt), links daneben Stadttheater (1898), südlich des Schornsteins Hauptpost (1877) an Ecke Bahnhof- und Reichsstraße, südlich des Theaters Rückseite des Warenhauses J. Tietz (1913) zwischen Bahnhof- und Forststraße, Rädelstraße, rechts am Bildrand Kreuzung Forst-/Fürsten- (Stresemannstraße), darunter Maschinenfabrik und Gießerei Beyer & Zetsche mit Oberlichtern auf dem Flachdach.

N: Blumen- (Eugen-Fritsch-Straße), Berg-, Wilhelm- (Julius-Fucik-Straße), Schloß-, Linden- bzw. Mosenstraße führen nach N, von S nach N kreuzen Heinrich-, Fürsten- und Rädelstraße.

O: Hradschin mit Schloß und Amtsgericht, darüber Johanniskirche (1122 urkundlich erwähnt), links Kesselhaus und Schornstein der Firma H. Francke, darüber baumbestandene Elster, Hofwiesen-/Ecke Färberstraße, Schornstein der Färberei und Bleicherei F. A. Hempel über dem Nordturm der Johanniskirche, nördlich davon Böhlerstraße mit Gösselbrücke (1898) und die Textilbetriebe Dr. A. Nietzsche G.m.b.H. mit Schornstein, nördlich der hell besonnten Trockentalstraße bis zur Elster und entlang des Mühlgrabens weitere Fabrikanlagen und Schlote wie Gebr. Wolff, F. W. Dischreit, J. Fleischer G.m.b.H., R. Zöbisch Söhne G.m.b.H., F. A. Hempel; Dürerbrücke. Nördlich der Elster, zwischen Holbeinstraße und Bahngleisen R. & P. Höckner, Sächsische Elektrizitäts- und Straßenbahngesellschaft, „Vomag", Industriewerke A.-G.

Bm: Neues Rathaus, links davon Altes Rathaus (1382 urkundlich erwähnt), Altmarkt, begrenzt durch Straßberger Straße, rechts Neues Rathaus (1922), Unterer Graben (hell besonnt), Lutherkirche mit von Wegen durchzogener Anlage, am südlichen Ende Melanchthonstraße mit ehemaliger Handelsschule (1902) (Sozialamt), Nonnenturm Ecke Unterer Graben/Klosterstraße, darunter Rückseite Cafe Trömel am „Tunnel", links Lohmühlenanlage mit Isidore-Schmidt-Brunnen (1917), darüber Klosterstraße und Klostermarkt, durch Oberen Steinweg und Rathausstraße begrenzt.

W.

4 Industrie beiderseits der Elster, Unterer Bahnhof, Stadtgebiet

Die Aufnahme zeigt aus südöstlicher Richtung fast die gesamte Stadt zwischen Oberer und Unterer Bahn.

N: Gleisanlagen des Oberen Bahnhofs, südlich davon Stadtpark und Bärensteingebiet, Bahnhofsvorstadt, Albertplatz (als dunkles Viereck sichtbar), östlich davon Pauluskirche (1897), Hammervorstadt, Mosenschule Ecke Reißiger- und Rähnisstraße.

O: Hammerstraße mit Textilfabriken und Elektrizitätswerk, König-Albert-Brücke (Alte Elsterbrücke), König-Albert-Bad (Stadtbad) und Angerschule (helle Fassade), darunter Turnhalle, Überführung der Bahnstrecke Weischlitz–Gera, „Sauinsel".

S: Güter-, Thiergartner- und Meßbacher Straße, Gleisanlagen am Unteren Bahnhof, darüber Dürerbrücke, links elsteraufwärts Industriebetriebe R. & P. Höckner, Industriewerke A.-G. Plauen, „Vomag"-Hauptwerk an der Cranachstraße (linke Ecke), nördliches Elsterufer: Textilbetriebe mit z. T. rauchenden Schloten zwischen Elsterwehr, Mühlgraben und Dürerstraße.

W: Straßberger Straße, Comeniusstraße mit Dittes- und Diesterwegschule (angeschnitten), nördlich Blücher- (Freiheitsstraße) mit Staatsgymnasium, darüber Kleingartenanlage „Poppenmühle" im Syratal, östlich Streitsberg und Wohnviertel an Hain- und Haußnerstraße, rechts Friedrich-August-Brücke.

Bm: baumbestandener Steilhang an der Weststraße, zum Syratal hin abfallend; rechts breite Bahnhofstraße mit Warenhaus J. Tietz, dahinter rechts Forststraße, südlich Neues und Altes Rathaus, Altmarkt, östlich Hradschin mit Schloß und Amtsgericht, darunter Neustadtplatz, westlich davon Johanniskirche, Rähme, Malzhaus, Mühlberg, darüber Straßberger Straße. Ecke Gartenstraße Krauseschule (hell besonnt), darunter kreuzen sich Trockental-/Dürer- und Ludwig-Richter-Straße sternförmig.

W./L.

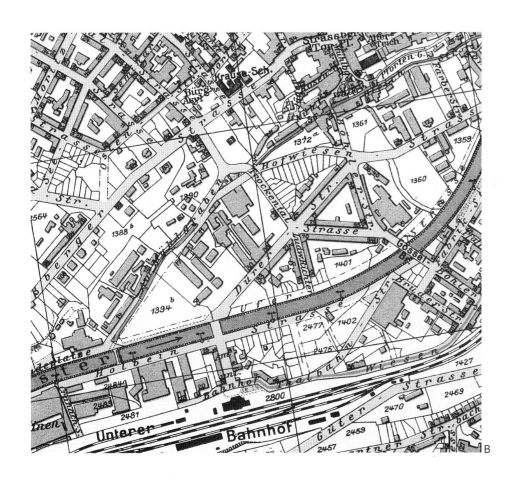

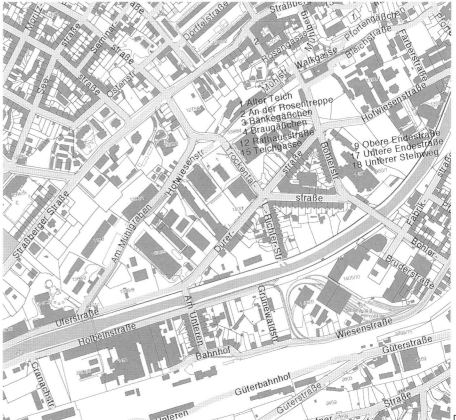

5 Westliche Bahnhofsvorstadt

Abgebildet ist der vom Steilhang des Syratales bis zur Bahnhofsvorstadt im wesentlichen zwischen 1870-95 flächig bebaute Bereich. In der Bildmitte ist die 1888/89 errichtete ehemalige Karlschule (bis 1945 Hans-Schemm-Schule), zwischen Ziegel- und Karlstraße (hell besonnt) zu erkennen. Lützow-, Alaun-, Ziegel- und Karlstraße setzen sich, unterbrochen von der Bahnhofstraße (mit quadratischem Albertplatz, in der Mitte Obelisk), nordöstlich in der etwas jüngeren Bahnhofsvorstadt geradlinig als Albert-, Wettin-, Johann- und Jößnitzer Straße fort.

N: Bahnbogen, Schillerstraße mit Lessing- und Schillerschule (angeschnitten).

O: Reißiger Straße, Mosenschule, Maschinenfabrik und Eisengießerei Beyer & Zetsche, Forststraße, Ecke Rädel-/Bahnhofstraße, ehemalige Hauptpost (Rückfront), Theaterstraße, Finanzamt, Stadttheater (angeschnitten).

S: Ecke Weststraße/Schießberg Geschäftshäuser Gebr. Lay (hell besonnt), Einmündung Lützowstraße großes Fabrikgebäude mehrerer Textilbetriebe (später Sitz verschiedener Behörden).

W: Ecke Breite-/Weststraße Industrie- und Handelskammer (1915), Moltkestraße, Kunstschule, Hotel „Wettiner Hof".

L.

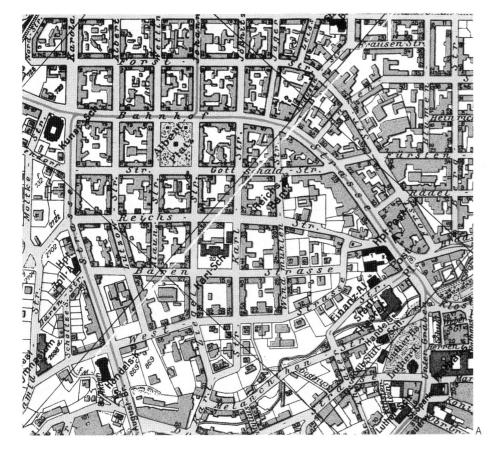
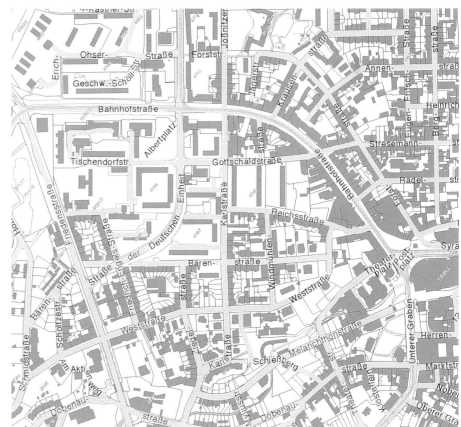

6 Albertplatz, östliche Bahnhofsvorstadt, Pauluskirchviertel

Im Vordergrund liegt der Albertplatz mit seinen sternförmig abgehenden Wegen, in der Mitte Obelisk für die 1866 und 1870/71 Gefallenen (1946 beseitigt).

N: Preißelpöhl, Reißiger Straße, davor ehemalige Oberrealschule (hell besonnt), Friedhof I, darüber Chrieschwitz, ehemalige Bahnlinie Plauen/Chrieschwitz – Falkenstein, Papierfabrik A. Geipel (später Flockenbast A.-G.), im Hintergrund darüber alter Postweg Plauen – Chrieschwitz.

O: Bildbegrenzung etwa hintere Hammer-, Heubner-/Wieprecht-, Reißiger-, Kaiserstraße mit Baugewerkeschule (angeschnitten), Forst-, Gottschaldstraße.

S: Ecke Tischendorf-/Gottschaldstraße, Haus mit getrepptem Giebel der ehemaligen „Wintergarten"-Lichtspiele, westlich abgehende Ziegelstraße, Albertplatz, Tischendorfstraße.

W: Lützowstraße, die sich über der Bahnhofstraße als Albert- (Breitscheidstraße) fortsetzt.

Bm: Bahnhofstraße und sich östlich anschließende Bahnhofsvorstadt mit vorwiegend quadratischen, von Jößnitzer-, Johann- (August-Bebel-Straße), Wettin-, Albertstraße in nordöstlicher, Forst-, Kaiser-, Rähnis-, Schiller- und Lessingstraße in südwestlicher Richtung gebildeten Wohnquartieren. Ecke Johann-/Bahnhofstraße „Vogtländischer Anzeiger", zwischen Wettin- und Albertstraße Billigkaufhaus „Epa" (mit sechs großen Fenstern).

L.

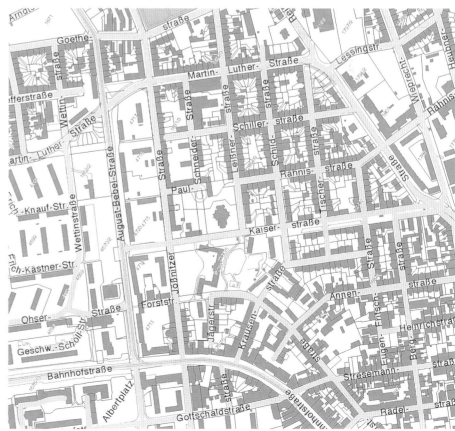

7 Östliche Bahnhofsvorstadt, Pauluskirchviertel (1)

Die Aufnahme zeigt die schachbrettartig angelegte ehemalige Bahnhofsvorstadt und den Bereich um den Albertplatz, das am stärksten zerstörte Wohngebiet Plauens, dominiert von der Kaiserstraße mit baumbestandenem Mittelstreifen. Etwa in Bildmitte steht die zwischen 1895-97 im neugotischen Stil erbaute Pauluskirche mit ihrem ehedem 73 m hohen, spitzen Westturm (das 1945 schwer beschädigte Gebäude wurde in vereinfachter Form wiederhergestellt), etwas unterhalb, Ecke Schild- und Kaiserstraße liegt die 1893/94 entstandene ehemalige Baugewerkeschule (bis 1945 Staatsbauschule). Parallel zur Kaiserstraße beherrschen Rähnis- und Schillerstraße das Bild.

N: Bahnbogen, Wielandstraße, Ecke Platenstraße Geschäftshaus von Drogen-Großhandlung Buchauer & Fischer (hell besonnt), Schillerbrücke, Ecke Schiller-/Schenkendorfstraße Drogerie L. Schön.

O: Karola-, Albert-, Wettinstraße, zwischen Johann- und Jößnitzer Straße Schillerschule (angeschnitten), Jäger-, Leißner-, Schildstraße.

S: Ecke Tischer-/Kaiser und Tischer-/Krausenstraße.

W: Krausen-, Forst- und Bahnhofstraße, links Albertplatz mit Obelisk; Breite Straße (angeschnitten), Ecke Bahnhof-/Moltkestraße Kunstschule für Textilindustrie (zuletzt Staatliche Meisterschule für Textilindustrie), Hotel „Wettiner Hof" daneben Hotel „Kaiserhof" (später „Reichshof").

L.

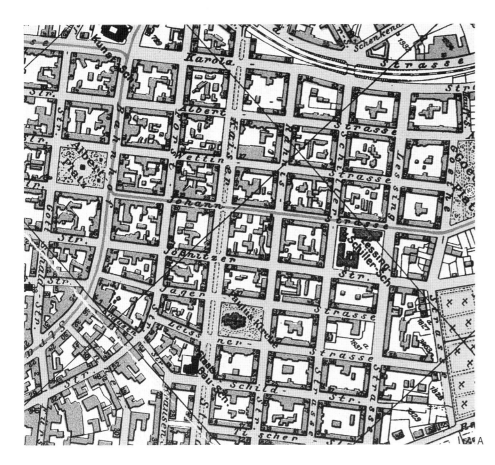
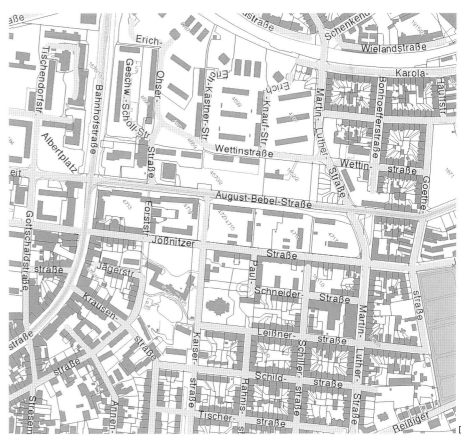

8 Östliche Bahnhofsvorstadt, Pauluskirchviertel (2)

Die am frühen Nachmittag in Richtung NO entstandene Aufnahme zeigt beinahe die gesamte, vorwiegend aus quadratischen Wohnquartieren bestehende östliche Bahnhofsvorstadt mit Karola- (angeschnitten), Albert-, Wettin-, Johann-, Jößnitzer-, Jäger-, Leißner- und Schildstraße.

N: vorderes Preißelpöhlviertel (Chamisso-/Schlachthofstraße), die neu erbaute Oberrealschule (heute Lessing-Gymnasium) an der Jößnitzer Straße sowie Friedhof I.

O: über der Reißiger Straße schließen sich der ehemalige „Turnclub"-Platz, die Kleingartenanlagen „Rose" und „Nußberg" an, östlich davon die aufgelassene Ziegelei G. Richter. Auf der noch unbebauten Fläche an der Reißiger Straße (Gelände des heutigen „Edeka"-Marktes) hängt Wäsche zum Trocknen; Tischerstraße (angeschnitten).

S: Rückfronten der Baugewerkeschule und linksseitigen Kaiserstraße bis Einmündung Albertstraße, Ecke Wettin-/Kaiserstraße Geschäftshaus F. & M. Simon (später R. Karstadt A.-G.) mit weithin sichtbarer Dachbekrönung („Karstadtturm").

W: Karolastraße (ab Ecke Lessingstraße).

Bm: Schiller- (1882) und Lessingschule (1892; davor stadtwärts fahrende Straßenbahn) mit baumbestandenem Schulhof, nördlich davon Goetheplatz, gegenüber ehemaliges Lehmgrubengelände („de Quell") zwischen Johann- und Jößnitzer Straße.

L.

9 Unteres Pauluskirchviertel, hintere Hammerstraße

Die aus mittlerer Höhe entstandene Aufnahme wird von der diagonal verlaufenden Reißiger Straße mit hell besonnter Mosenschule (1908), Ecke Rähnis- und Reißiger Straße beherrscht, nördlich schließen sich die Mädchenberufsschule (1897) und das Wohlfahrtsheim (Städtisches Armen- und Arbeitshaus; 1870) an.

N: ehemalige Oberrealschule (Lessing-Gymnasium), Friedhof I, ehemaliger „Turnclub"-Platz, Kleingartenanlagen „Nußberg" und „Rose", aufgelassenes Ziegeleigelände G. Richter, kleiner Steinbruch über der hinteren Hammerstraße.

O: Städtisches Gaswerk (1902) mit hell besonntem Schornstein, die zwei Großbehälter mit Aufschrift PLAUEN; Ecke Rähnis-/Hammerstraße ehemalige Dünger-Abfuhr A.-G. Plauen (angeschnitten), Weberei H. Lang, altes Gaswerk (1856), Spitzen- und Stickereifabrik A. O. Jacob (hell besonnt).

S: Ecke Reißiger-/Lindenstraße, Schloß-, Blumen-, Berg-, Tischer-, Ecke Schild-/Krause-, Leißnerstraße (sämtlich angeschnitten).

W: Pauluskirche (angeschnitten), Jäger- und Jößnitzer Straße gequert von Kaiserstraße mit Baugewerkeschule (1894; 1945 zerstört), Rähnis-, Schiller-, Lessing- und Goethestraße, östlich von Wieprecht-, Heubner-, Lessing- und Hammerstraße umgrenztes Wohnquartier.

Bm: gegenüber Mosenschule, zwischen Reißiger- und der noch nicht durchgehend verlängerten Wieprechtstraße Gelände der 1932 entstandenen Wohnbauten der „Gemeinnützige Bau- und Siedlungs A.-G. Heimat" (später „Neue Heimat"), untere Rähnisstraße Wäschefabrik F. & M. Simon (später F. Wolf & Co.) (hell besonnt), gegenüber, Ecke Heubnerstraße Vogtländische Spitzen- und Stickereifachschule (später Mädchenberufsschule), z. T. beschattet.

L.

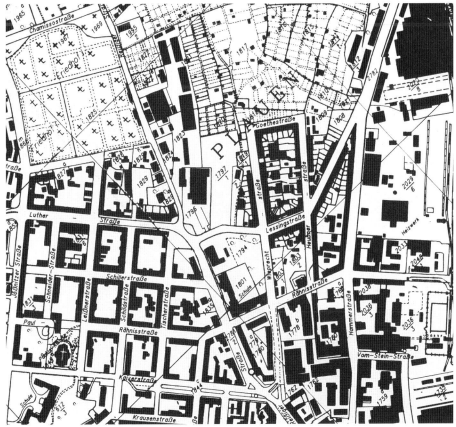

10 Oberer Bahnhof, Bärensteinviertel, westliche und östliche Bahnhofsvorstadt

Abgebildet sind vor allem der Obere Bahnhof mit seinen Gleisanlagen und Betriebsgebäuden, die von zahlreichen Fußgängern belebte Bahnhofstraße und die westlich und östlich angrenzenden, 1945 weitgehend zerstörten Stadtteile.

N: Kauschwitz, Stadtwald („Fuchsloch"), Industriebetriebe an der Hans-Sachs-Straße, Althaselbrunn, Meyers Gut.

O: Weberei E. Kentner, Haselbrunner Straße, alter Ziegeleischornstein von Roßbach I; Ecke Luisen-/Haselbrunner Straße, westlich davon Steinbruchgelände Rähnisberg mit Kleingärten; Voßstraße, Schillerplatz, Ecke Platen-/Wielandstraße (hell besonnt); Kaiser-, Karola-, Albert-, Wettin-, Johannstraße (angeschnitten).

S: Ecke Bahnhof-/Johannstraße mit abbiegender Straßenbahn. Albertplatz, in der Mitte Obelisk. Gottschald-, Reichs-, Bären- und Breite Straße (angeschnitten).

W: Scholtze-, Schmidstraße, Straße „Am Bärenstein", Stadtpark (angeschnitten). Stoltze-Park mit Spielwiese, davor Felssteilhang zum Bahnbereich, gegenüber „VFC"-Sportplatz, noch vereinzelte Häuser der Hermann-Vogel-Straße.

Bm: obere Bahnhofstraße mit Kunstschule (1890), Hotels „Wettiner- und „Kaiserhof", alte Bahnunterführung mit Abzweig zum Oberen Bahnhof, Güterbahnhof mit neuerbauter Bahnmeisterei (hell besonnt; 2003 abgerissen), gegenüber Metallwarenfabrik W. Hallbauer; noch unbebautes Gelände des Postamtes IV (seit 1931), nördlich davon „Theißigs Restaurant". Bereich zwischen Pausaer-, Platen- und oberer Bahnhofstraße („Uebels Garten"), unter Wolkenschatten Bärenstein (Höhe 431,8) mit 1906 erbautem Aussichtsturm (im März 1945 beschädigt und gesprengt), nordöstlich davon am Rathenau-Platz Reichsbahn-Verkehrsamt (1945 zerstört); stadtwärts davor ehemalige Straßenführungen von Hohe-, Moltke- (später Lassallestraße) und Tischendorfstraße.

L.

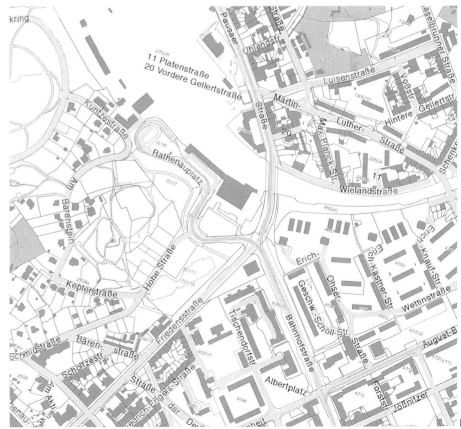

11 Oberer Bahnhof, bahnnahes Haselbrunn

Wir sehen vor allem den Oberen Bahnhof mit seinem umfänglichen Güterbahnhof und die nördlich abgehenden Gleise.

N: Eichberg (Höhe 429,0), davor Heidenreich mit Ziegeleien, darüber Reißig, in weitem Bogen Bahnlinie Plauen – Reichenbach, die baumbestandene Chrieschwitzer Straße, Schlachthof.

O: Bildbegrenzung etwa Jößnitzer-/Schumannstraße, hintere Karolastraße (Rückfront), Stickereiwerke Plauen A.-G., Ecke Viktoria- (Max-Planck-)/Wielandstraße, Bahnhofstraße Hotel „Kaiserhof" (angeschnitten), Kreuzung Hohe-/Tischendorfstraße.

S: ehemaliges Reichsbahn-Verkehrsamt, Pergola vom Rathenau-Platz (von 1933-45 Schlageter-Platz) (beide angeschnitten).

W: Gleiskörper mit Bahnanlagen, Ecke Pausaer-/Seumestraße, Rückert- und Seumeschule, Meyers Gut.

Bm: Steinbruchgelände Rähnisberg, östlich von Luisenstraße begrenzt, rechts anschließend Wohnquartier zwischen Haselbrunner-/Schenkendorf-, Wieland- und Pausaer Straße, Ecke Viktoria-/Luisenstraße „Edeka"-Großhandel (Fassade hell besonnt), Ecke Luisen-/Pausaer Straße Metallwarenfabrik W. Hallbauer mit hoher Fensterfront, gegenüber „Theißigs Restaurant" (1938 abgerissen), östlich davon große spitzwinklige Baugrube mit Fundamenten des späteren Postamtes IV, gegenüber Hotel „Kronprinz".

Stationsgebäude Oberer Bahnhof (seit 1848, mit mehreren Um- und Anbauten; am 16.1.45 ausgebrannt) mit sich über die gesamte Länge erstreckender Bahnsteigbedachung (Strecke Plauen – Eger) für Fahrgäste und Gepäckkarren, Bahnhofsvorplatz, belebt mit Passanten, Pferdewagen und Taxen, von ihm aus alter Zugang zur Bahnhofstraße. Auf der Haselbrunner Seite ist die neue Bahnunterführung im Bau. Nördlich des Stationsgebäudes zwei große Güterschuppen mit Laderampen und regem Ent- und Beladeverkehr (Pferdefuhrwerke und mehrere Lastwagen), darüber die neue, hell besonnte Bahnmeisterei (2003 abgerissen).

L.

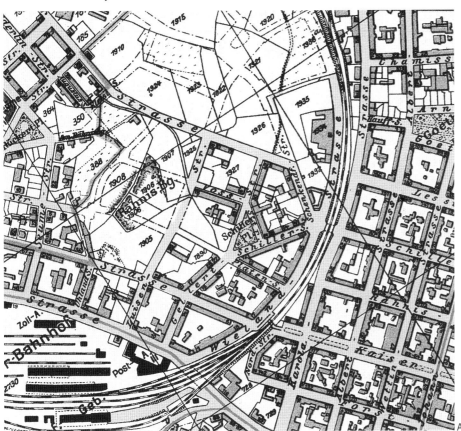

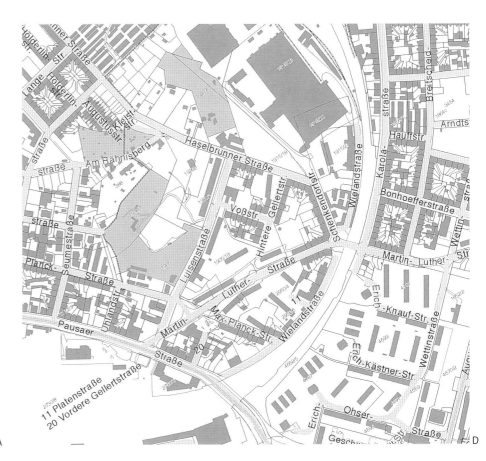

12 Stadt- und Kuntze-Park

Die aus etwa 800 m gemachte Aufnahme zeigt vor allem den Stadtpark, die nach S abzweigende Bahnstrecke Plauen – Eger und den ehemaligen Kuntze-Park (Winter 1945/46 abgeholzt).

N: Wartburgplatzviertel mit noch weitgehend unbebauter Fritz-Reuter- und Wartburgstraße, Ecke Pausaer-/Gustav-Freytag-Straße, Bahnüberführung, Pausaer Straße mit Gewerkschaftshaus (nach 1933 „Kameradschaftshaus"), Städtischer Bauhof, die neu erbaute Bahnmeisterei (hell besonnt; 2003 abgerissen).

O: Gleisanlagen Oberer Bahnhof (angeschnitten), Ecke Kuntzestraße/Hindenburgring (Stadtparkring).

S: großer Stadtparkteich (Besucher füttern Schwäne), Wege mit Spaziergängern; ehemaliges Tennera-Asyl, Wolfsbergweg, Bahnlinie, auf dem verbreiterten Bahndamm (mit Lichtmasten) sind Schwellen gestapelt.

W: „VFC"-Sportplatz, gegenüber ehemaliger Kuntze-Park mit Spielwiese, am westlichen Waldrand „Rußhütte", darüber Villa van Delden mit Tennisplätzen.

obere Bm: Lokomotivschuppen und Werkstattgebäude, durch Erweiterung der Bahnanlagen entstandene Felssteilwand (Abraum am Nordrand des Stadtparkes verkippt); Hindenburgring mit zwischen Bäumen sichtbarer Musikhalle (1945 zerstört), Bahnunterführung mit beginnender Kauschwitzer Straße, rechts Stellwerk.

L.

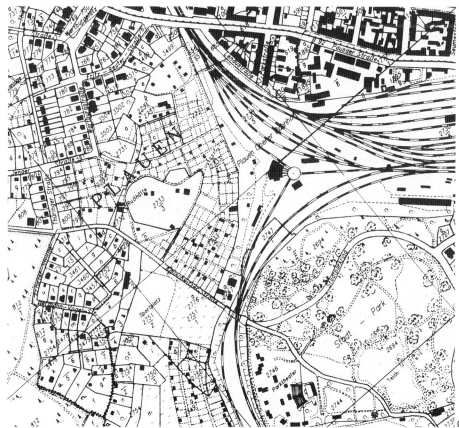

13 Südliches Haselbrunn und nördliche Bahnhofsvorstadt

Aus etwa 800 m Höhe ist das südliche Haselbrunn, der Bahnbogen (Linie Plauen – Reichenbach), die nördliche Bahnhofsvorstadt und das westliche Schlachthofviertel abgebildet.

N: Heidenreich mit großer Gutsscheune, Schlachthof, Zuckerwaren- und Drageefabrik A. Süppel & Sohn, Wohnquartier zwischen Karola-, Schlachthofstraße, Kabelwerk Siemens & Schuckert A.-G., Jößnitzer Straße, ehemalige Oberrealschule (jetzt Lessing-Gymnasium).

O: Friedhof I (angeschnitten), Johannstraße mit ehemaligem Lehmgrubengelände („de Quell"), Goetheplatz (im Schatten), Wettin-, Albertstraße (angeschnitten).

S: Karolastraße und große, hell besonnte Häuser der oberen Kaiserstraße, Nordstraße (zwischen Forst- und Kaiserstraße), Bahnkörper, Wielandstraße (angeschnitten), Ecke Viktoriastraße (Max-Planck-Straße) Hotel „Zanke" (später Gardinenfabrik K. Kühnberger), davor zwei Pferdefuhrwerke.

W: Ecke Viktoria-/Luisenstraße „Edeka"-Großhandel (hell besonnt), Steinbruch Rähnisberg, davor Kleingärten, Gaststätte „Weidmannsruh", Ziegelei Roßbach III.

Bm: Schillerplatz (Dreieck), zwischen Gellert-, Voß- und oberer Schillerstraße, östlich davon, am Ende Wielandstraße Stickereiwerke Plauen A.-G.

L.

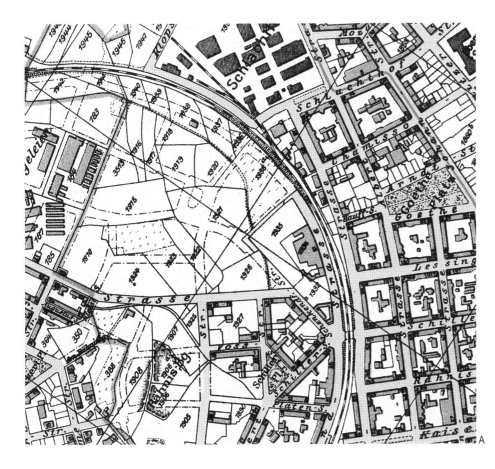
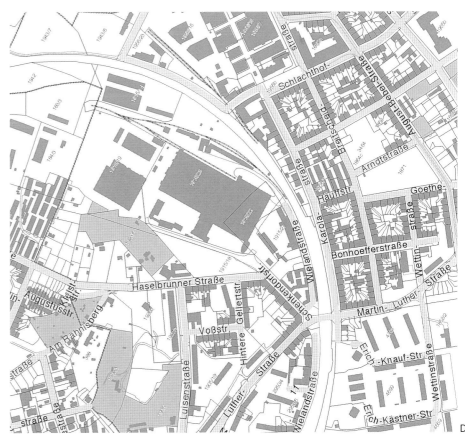

14 Haselbrunn, Preißelpöhl, innere Stadt, Neundorfer Vorstadt

Die ziemlich genau genordete, aus etwa 4.500 m entstandene Höhenaufnahme zeigt fast den gesamten Stadtteil Haselbrunn bis zu einer Linie Wartburgplatz – Ziegelei Neumann (Morgenbergstraße) – Markuskirche – Ziegeleigelände Roßbach III – Gutsscheune Heidenreich – Straße Heidenreich – Chrieschwitz, davor der vollständige Stadtteil Preißelpöhl mit namengebender bewaldeter Diabaskuppe (Höhe 414,9), nördlich davon Freibad Naturheilverein („Natnat") (hell besonnt).

O: Steilhang zur Elster, die von Hammerbrücke überquert wird, ehemalige Papierfabrik A. Geipel (später Flockenbast), Elsterbrücke zum Bahnhof Plauen/Chrieschwitz, Werkbahnbrücke und „Streichhölzerbrücke"; Reichenbacher Straße (angeschnitten) mit Festhalle.

S: Bildbegrenzung etwa Liebigstraße – Neustadtplatz – Johanniskirche – Trockental – Konradstraße (hell besonnt) – Sternplatz.

W: Kleingartenanlage „Poppenmühle" – Poppenmühle – Dobenauburg und -gut – Stadtpark mit Teich und Tennera-Asyl – Bahnüberführung Kauschwitzer Straße – Thüringer-Wald-Straße.

Bm: gesamte, schachbrettartig angelegte Bahnhofsvorstadt mit Albertplatz und dem sich westlich anschließenden Wohngebiet um die ehemalige Karlschule (später Hans-Schemm-Schule), geschwungen verlaufende Bahnhofstraße und breite, baumbestandene Kaiserstraße, Oberer Bahnhof mit Gleisanlagen und zahlreichen Betriebsgebäuden. Im Zwickel der Strecken Plauen – Hof und Plauen – Eger markiert sich (hell besonnt) die bei Erweiterung des Bahngeländes entstandene Felskante. Südlich davon der dicht bewaldete Bärenstein (Höhe 431,8) mit Turm, unterhalb Wirtschaftsoberschule, die baumbestandene Breite- (Friedensstraße) mit Friedrich-August-Brücke, links unter ihr Maschinensaal der Gardinen- u. Spitzenweberei Meinhold & Sohn, Hainstraße, Aktienbrauerei.

östliche Bm: zwischen östlicher Bahnhofsvorstadt (Goetheplatzviertel) und Preißelpöhl die beiden Friedhöfe I und II, altes Lehmgrubengelände („de Quell") zwischen Johann- und Jößnitzer Straße (nach 1945 mit Trümmerschutt verfüllt), die neuerbaute Oberrealschule (heute Lessing-Gymnasium); östlich davon der Nußberg mit Kleingärten, dazwischen, zur Hammerstraße hin, aufgelassene Ziegelei G. Richter. Im Winkel zwischen Hammer- und Reißiger Straße das alte Gaswerk mit drei kleineren Behältern, mehrere große Textilbetriebe, Elektrizitätswerk, Gaswerk mit seinen zwei großen Behältern, oben mit Aufschrift PLAUEN (Orientierung für Flugzeuge). Im Bereich Rähnisstraße – Mosenschule abziehende, durch Löschen von Koks entstandene Gaswolke (!).

südliche Bm: Altstadt mit Rathaus, Johannis- und Lutherkirche, Alt- und Klostermarkt sowie Neundorfer Vorstadt.

L.

15 Westliches und mittleres Haselbrunn

Das aus etwa 800 m entstandene Foto umfaßt vor allem das mittlere und westliche Haselbrunn (Wartburgplatzviertel).

N: Häuser am „Tannenhof", Stadtwald, Bahnlinie Plauen – Hof (angeschnitten), Schwimmstadion (1926) mit entleertem Becken (hell besonnt).

O: Bahnstrecke Plauen – Reichenbach, Westhang des Eichberges (Höhe 429,0), alte, baumbestandene Straße nach Jößnitz/Reißig, Meyers Gut, Seumestraße mit „Dach" (angeschnitten), Seume- und Rückertschule, Ecke Krähenhügel-/Seumestraße.

S: Rückert-, Lange-, Geibel-, Pausaer Straße (unter Wolkenschatten ehemaliges Gewerkschaftshaus), Wohnquartier Park- und Lenaustraße, Maschinenfabrik E. Wetzstein (Rand des Wolkenschattens), Bahnkörper. Verbindungsweg Pausaer Straße – Kuntze-Park.

W: Kleingärten und Gärtnerei westlich der Diabaskuppe Straßenhübel (Höhe 430,1), Fritz-Reuter-Straße noch weitgehend unbebaut, Wartburgplatz; Straßenbahn der ehemaligen „Gelben Linie" (Haselbrunn-Neundorf; seit 1909) an der damaligen Endhaltestelle „Waldschlößchen".

Bm: Morgenbergstraße mit Tüll- und Gardinenweberei, Stickerei-Manufaktur Levy & Sohn (später H. Reußner & Co.), Ziegelei Neumann mit Lehmgrubengelände, Plauener Baumwollspinnerei A.-G. Hans-Sachs-Straße mit weiteren Industriebetrieben; auf dem „VfB"-Platz ist ein Trainingsspiel im Gange.

östliche Bm: Markuskirche mit -platz, Rückfront der unteren Geibelstraße (hell besonnt).

südliche Bm: Bahnüberführung Pausaer Straße mit Straßenbahn, rechts Güterbahnhof („Kohlebahnhof") mit Brücke zur Ziegelei. In vielen Höfen und auf Rasenplätzen hängt Wäsche zum Trocknen.

L.

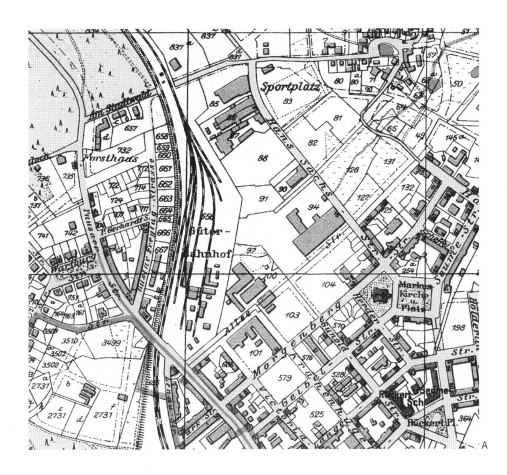
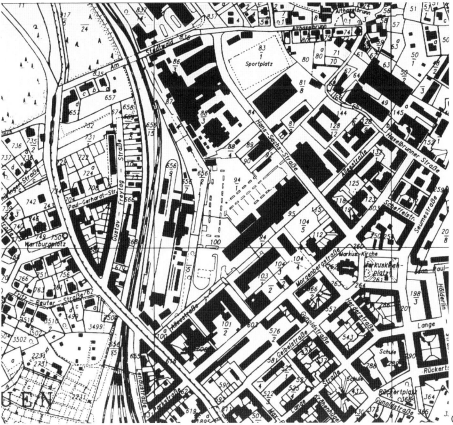

16 Industriebetriebe im nördlichen Haselbrunn, Althaselbrunn

Beinahe senkrecht aufgenommen sind die auf der hinteren Hans-Sachs-Straße/Nach dem Essigsteig gelegenen ehemaligen Industriebetriebe.

N: Ascheplatz am Pietzschebach, Ziegelei Reinhold, Althaselbrunn, Meyers Gut (angeschnitten).

O: Verbindungsweg zur Haselbrunner Straße, Webspitzenwerk Hartenstein-R. Kant (angeschnitten). Gleiskörper Güterbahnhof („Kohlebahnhof") und Strecke Plauen – Hof, Ecke Gustav-Freytag-/Paul-Gerhard-Straße.

S: Straße „Am Stadtwald" mit Neubauten, zwischen Bahnlinie und Straße ehemaliges Sauerstoffwerk Rößler & Co., Pausaer Straße im Stadtwald.

W: Stadtwald zum Stadion hin.

Bm: an der Hans-Sachs-Straße ehemaliger Bezirkskonsum, Eisengießerei Iwan & Winkel, Vogtländische Spitzenweberei A.-G., darüber „VfB"-Platz (es wird trainiert), Konsum-Großdampfbäckerei. Nach dem Essigsteig (nordwestliche Fortsetzung der Hans-Sachs-Straße), daneben Tanklager, gegenüber ehemaliges Sägewerk G. Seifert (später Wauer & Co.). Auf dem freigeräumten Gelände entstand ab 1935 die spätere „Fliegersiedlung".

L.

17 Westliches Haselbrunn (Wartburgplatzviertel)

Aus etwa 1.000 m Flughöhe sind das gesamte Wartburgplatzgebiet und die sich östlich bis zur Bahnlinie Plauen – Hof anschließenden Straßenzüge zu erkennen.

N: Waldgrün, Stadtwald, Stadion, Ziegelei Reinhold.

O: Althaselbrunn, Webspitzenwerke R. Kant, Hans-Sachs-Straße, Güterbahnhof („Kohlebahnhof"), Ecke Pausaer-/Lenaustraße ehemalige Gaststätte „Vier Jahreszeiten", Bahnüberführung, Gleisanlagen (angeschnitten).

S: Kuntze-Park, am westlichen Waldrand „Rußhütte", darüber Tennisplätze der ehemaligen Villa G. van Delden; Kreuzung Kauschwitzer-/Erfurter- und Thüringer Straße, das von zahlreichen Drainagegräben durchzogene Quellmuldengebiet ist noch weitgehend unbebaut.

W: Stadtwald, Ausflugsgaststätte „Echo" (angeschnitten), daneben „Sport-Club"-Platz an baumbestandener Pausaer Straße.

Bm: Wartburgplatz, die erst spärlich bebaute Fritz-Reuter-Straße, südlich davon Diabaskuppe des Straßenhübel (Höhe 403,1), Wartburg-, Jenaer-, Thüringer Straße (im oberen Teil noch eingerüsteter Neubau), Neues Forsthaus, Straße „Am Stadtwald" mit Neubauten, dahinter Industriebetriebe an der Hans-Sachs-Straße.

L.

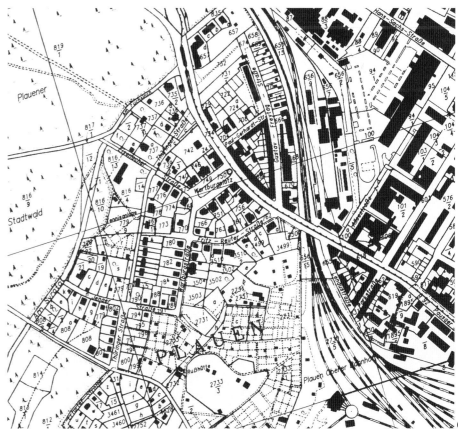

18 Mittleres Haselbrunn

In dem aus etwa 400 m entstandenen Foto nimmt die hellbesonnte Markuskirche (Westseite) die Bildmitte ein. Auf der diagonal verlaufenden Morgenbergstraße bewegt sich in Höhe der ehemaligen Stickerei-Manufaktur Levy & Co. (später H. Reußner & Co.) ein Pferdefuhrwerk.

N: Stadtwald (an den Rosengräben), davor Teile von Reißig, Ortsteil Heidenreich mit Gut, großer Scheune, hintere Jößnitzer Straße (Preißelpöhl), davor Schlachthof. Ziegeleien von Meyer, Roßbach II und Stüber; Bahnlinie Plauen – Reichenbach, auf Haselbrunner Seite die umfänglichen Werkanlagen und Lehmgruben von Roßbach III und I.

O: Seumeschule (1899), Lange Straße (angeschnitten), zwischen Herder- und Gunoldstraße noch unbebaut, Stickereiwerk Levy, Tüll- und Gardinenweberei A.-G. (angeschnitten).

S: Ziegelei Neumann mit Lehmgrube, Teich und Ziegelstapeln.

W: Plauener Baumwollspinnerei A.-G. („Spinn") mit dampfendem, hölzernem Kühlturm; darüber untere Allee-/Ecke Hans-Sachs-Straße (hell besonnt).

Bm: gegenüber Markuskirche Gaststätte „Sachsenhof" mit Saalbau und voll besonnter Giebelwand.

L.

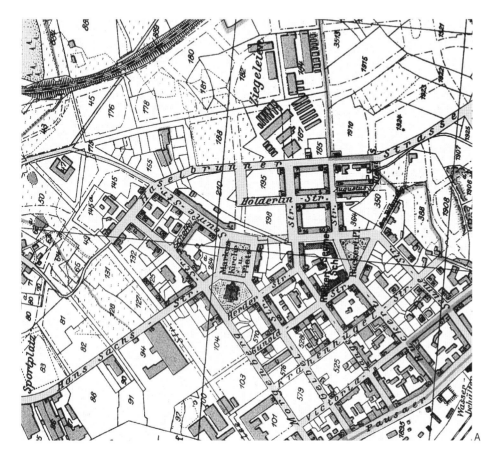
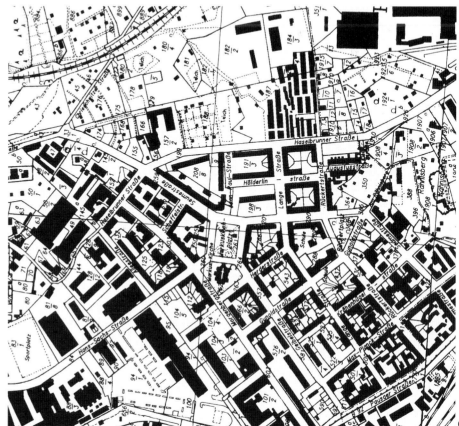

19 Schlachthofs- und Preißelpöhlviertel

Im Zentrum der Aufnahme liegen Schlachthofsviertel und das südlich anrainende Gebiet.

N: Straße „Am Stadtwald", Industriebetriebe an der Hans-Sachs-Straße, davor Markuskirche, Althaselbrunn, Straße Plauen – Jößnitz/Reißig, Bahnlinie Plauen – Reichenbach, Eichberg (Höhe 429,0), davor Heidenreich mit Ziegeleien, ehemaliges Gut Heidenreich.

O: Straße Plauen – Reißig, Bildbegrenzung die baumbestandene Chrieschwitzer Straße (angeschnitten), Schumann-, Reißiger Straße, Friedhof II (angeschnitten).

S: Kleingartenanlage „Frühauf" zwischen Reißiger- und ebenso baumbestandener Chamissostraße, Ecke Jößnitzer Straße die neuerbaute Oberrealschule (jetzt Lessing-Gymnasium) mit Schulgarten. Friedhof I mit deutlich erkennbaren Grabstellen (angeschnitten), sich diagonal durch die untere Bildhälfte ziehende Jößnitzer Straße, bis zur Chamissostraße noch unbebaut, Gärtnerei R. Croy mit Gewächshäusern, darüber ehemaliges Lehmgrubengelände („de Quell"), ab 1945 mit Trümmerschutt verfüllt, jetzt Kleingärten.

W: Ecke Goethe-/Jößnitzer Straße, Paulushaus (Fassade hell besonnt), Goetheplatz, Wettin-, Albert-, Karolastraße, Bahnlinie, darüber Stickereiwerke Plauen A.-G., Haselbrunner Straße, links Gaststätte „Weidmannsruh", rechts Wäsche- und Bleichplatz, im Bahnbogen Ziegelei Roßbach III.

Bm: Kabelwerk der Siemens-Schuckert A.-G., darüber Vieh- und Schlachthof (1900) mit hell besonntem Schornstein, westlich, zwischen Bahnlinie und Karolastraße „Zucker-Süppel".

östliche Bm: spitzwinklige, noch unbebaute Straßenführung untere Schlachthof-/Schubertstraße (hell besonnt), letztere zum Richard-Wagner-Platz, rechts Kleingartenanlage „Familienheim".

westliche Bm: zwischen Goetheplatz und Chamissostraße Kolonialwarengroßhandel H. Oheim.

L.

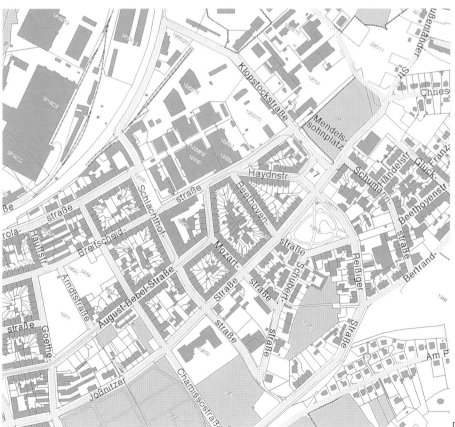

20 Preißelpöhlgebiet

Die Aufnahme mit ihren langen Schlagschatten zeigt in dem etwa von Gluck-, Bertrand-Roth-, Reißiger Straße (Gaststätte „Schweizerhöhe"), unterer Schlachthof-/hinterer Albert- (August-Bebel-Straße) und Klopstockstraße umgrenzten Ausschnitt den größten Teil des Preißelpöhlviertels.

N: Ölweg, Freibad Naturheilverein (1925), dicht bewaldete Diabaskuppe des Preißelpöhl (Höhe 414,9) mit ehemaligem Aussichtspavillon, östlich davon Straße Am Preißelpöhl, bis auf einzelne Villa noch unbebaut.

O: Reißiger Straße (angeschnitten), Ecke Schubert-/Schlachthofstraße.

S: die genau Nord-Süd verlaufende Jößnitzer Straße als wichtigste Verkehrsachse (angeschnitten), Ecke Beethoven-/Haydn-/Albertstraße (Hotel „Alberthof"), Klopstockstraße mit Gardinenfabrik A. Geipel (angeschnitten).

W: Chrieschwitzer Straße in Richtung Heidenreich, Reißiger Straße mit Hanggelände zum Pietzschebach (jetzt „Am stillen Grund").

Bm: Richard-Wagner-Platz, gegenüber der kleinere Mendelssohnplatz, davor Straßenbahnendstation der ehemaligen „Roten Linie" (Dittrichplatz-Albertplatz-Preißelpöhl; seit 1906). Abgesehen von kleineren Textilbetrieben fehlen größere Fabriken. Nördlich der Gluck- bis zur Chrieschwitzer Straße ist noch freies Feld. Die Bebauung, vorwiegend mit Einfamilienhäusern, setzte dort nach 1934 ein.

L.

21 Nördliches und nordöstliches Stadtgebiet

Aus etwa 4.500 m Höhe ist, ausgenommen das bahnnahe Haselbrunn, der gesamte Ortsteil bis hin zum Preißelpöhl erfaßt.

N: Pausaer Straße, Bahnlinie Plauen – Hof, östlich das Stadion mit entleertem Betonbecken, Sprungturm, Tribüne und Umkleidekabinen (hell besonnt), südlich davor Pietzschebach mit Lehmgruben der Ziegelei Reinhold, Straße Plauen – Jößnitz/Reißig, Bahnlinie Plauen – Reichenbach mit zwei Brücken (Fußweg zur Pfaffenmühle, Straße nach Reißig), Stadtwald mit Eichberg, davor Heidenreich mit Lehmgruben und Ziegeleien, vom Pietzschebach durchzogene Talaue, nördlich davon Vorwerk Heidenreich; Straße Reißig – Jößnitz mit Gasthof, zwischen Reußenländer- und Jocketaer Straße ausgedehnte Kleingartenanlage.

O: Reißig mit Gut, östliche Feldmark, Preißelpöhl (Höhe 414,9), Anlage des Naturheilvereins mit entleertem Schwimmbecken (hell besonnt), dicht bewaldeter Steilhang zur Elsteraue.

S: Stadtteil Preißelpöhl, Schlachthof, Kabelwerk, Oberrealschule (Lessing-Gymnasium), Goetheplatz (angeschnitten), Bahnlinie, Schillerbrücke, Schenkendorf-/Haselbrunner Straße, östlich davon Feldflur (heute „WEMA"-Gelände), darüber, rechts der hell besonnten Haselbrunner Straße und Bahnlinie Ziegeleien Roßbach I und III; Streinbruchgebiet Rähnisberg, Pausaer Straße, Güterbahnhof, Streckenabzweig Plauen – Eger, darunter Stadtpark mit ehemaligem Hindenburgring, nördlich der Bahnlinie Kuntze-Park mit Spielwiese.

W: Wartburgplatzviertel, Stadtwald („Fuchsloch", auf abgeholzter Fläche Diabasfelsen), Pausaer Straße, rechts ehemaliges „Altes Vorwerk", links „Sport-Club"-Platz und Gaststätte „Echo".

Bm: Wohnquartier zwischen Pausaer- und hell besonnter Morgenbergstraße, Krähenhügel („Bergl") mit sich diagonal kreuzenden Trampelpfaden, Tüll- und Gardinen-Weberei, Ziegelei Neumann mit Lehmgrube („Lehmer"), Plauener Baumwollspinnerei A.-G. mit dampfendem Kühlturm, Hans-Sachs-Straße mit Industriebetrieben (Schornsteine werfen lange Schlagschatten), „VfB"-Platz, Markuskirche und -platz, östlich davon das „Dach", nördlich an der hell besonnten Haselbrunner Straße Weberei E. Kentner, darüber Meyers Gut.

L.

22 Industriegebiet hintere Hammerstraße

Vorrangig aufgenommen ist das einstige Industriegebiet an der hinteren Hammerstraße mit dem ehemaligen Elektrizitäts- und Gaswerk.

N: Stadtwald, Bahnlinie Plauen – Hof, Fabrikschornsteine an der Hans-Sachs-Straße, Schwimmstadion (hell besonnt), Althaselbrunn, Bahnlinie Plauen – Reichenbach, Eichberg mit Heidenreich, baumbestandene Chrieschwitzer Straße; Preißelpöhlviertel mit Anlage, darüber Reißig.

O: Friedhof II, Feldflur und Kleingärten zwischen unterer Chamisso- und Hammerstraße, heutiges Industriegelände Stahlbau Plauen GmbH; Elster, Bahnlinie Plauen – Gera (angeschnitten).

S: Brücke mit Industriegleis zur Versorgung von Gas- und Elektrizitätswerk, darüber Städtisches Gaswerk mit Kokerei und zwei Großbehältern (1902) mit Aufschrift PLAUEN (zur Orientierung für Luftfahrzeuge), Anrampung der Fußgängerbrücke („Streichhölzerbrücke") über die Elster. Ecke Hammer-/Rähnisstraße ehemalige Dünger-Abfuhr A.-G. Plauen, Elektrizitätswerk (1897), gegenüber Weberei H. Lang, Ecke Hammer-/Siemensstraße Gardinenfabrik Plauen A.-G., stillgelegtes altes Gaswerk (1856) mit drei Behältern.

W: Kaiserstraße mit Baugewerkeschule und Pauluskirche (beschattet).

Bm: Wohnquartier zwischen Wieprecht-, Heubner- und Lessingstraße, Wäschefabrik F. & M. Simon (später F. Wolf & Co.), Rähnisstraße (hell besonnt), gegenüber Vogtländische Spitzen- und Stickereifachschule (später Mädchenberufsschule), darüber, an der im unteren Teil baumbestandenen Reißiger Straße, Mosenschule (1908), Mädchenberufsschule (1897), Wohlfahrtsheim (Städtisches Armen- und Arbeitshaus; 1870); Ecke Lessing-/Reißiger Straße noch unbebaut (seit 1929/30 „Stahlhäuser"), ebenso der Bereich zwischen Reißiger-, Wieprecht- und Rähnisstraße (ab 1932 Wohnbauten der „Gemeinnützige Bau- und Siedlungs A.-G. Heimat" – später „Neue Heimat"); schachbrettartig angelegte Bahnhofsvorstadt mit Friedhof I (seit 1866). Auf mehreren freien Plätzen hängt Wäsche zum Trocknen.

L.

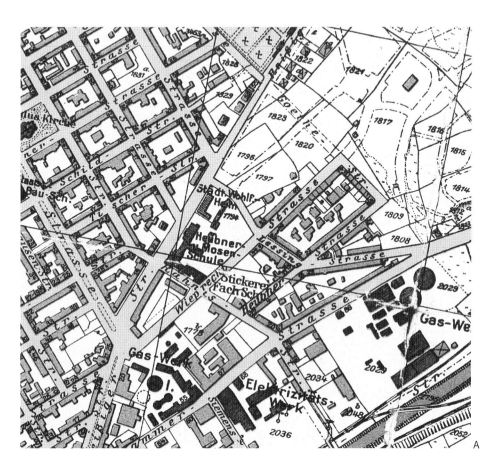

23 Industriegebiet hintere Hammerstraße, Elsteraue

In der Bildmitte ist die „Streichhölzerbrücke" zu erkennen, die flußaufwärts versetzt ist, um Platz für eine geplante Straßenbrücke zwischen Liebig- und Rähnisstraße zu lassen.

N: Einmündung Lessing- in Hammerstraße, daneben zwei Großbehälter mit der Aufschrift „PLAUEN" des Städtischen Gaswerkes (1902) mit Kokerei am Elsterufer, Anschlußgleis für Gas- und Elektrizitätswerk (1897) über die Elster, zweigleisige Bahnlinie Weischlitz – Gera,

O: Fest- (1925) und Centralhalle im Bogen der Äußeren Reichenbacher Straße, Wohnbebauung Liebig- und Virchowstraße, links davor Gartenanlage „Immergrün".

S: Gartenanlage „Humboldt", Elster in reguliertem Bett, Auen-, Merkelstraße.

W: Hammerstraße mit anliegenden Textilfabriken, links Weberei H. Lang, rechts Gardinenfabrik Plauen A.-G., Siemens- (Vom-Stein-Straße), Elektrizitätswerk, Düngerabfuhr A.-G. Plauen, Rähnis-, Heubnerstraße.

Bm: hölzerner Kühlturm mit langem Schatten sowie Lagerplatz des Elektrizitätswerkes links der Elster.

W.

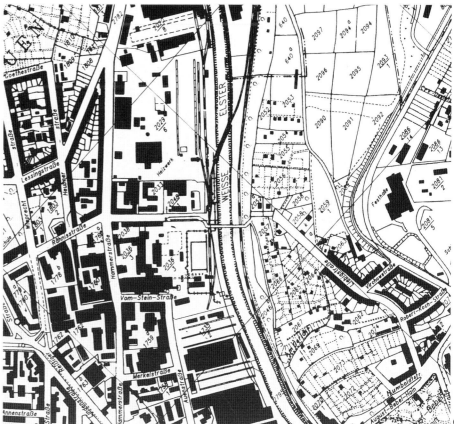

24 Reusa, Industriebereich hintere Hammerstraße

Im Bilde festgehalten ist Reusa, besonders das Weinberggebiet mit beginnendem Wohnungsbau sowie im Hintergrund der Industriebereich an der hinteren Hammerstraße.

N: Auenstraße, Elektrizitätswerk (1897), Rähnisstraße, Gaswerk (1902) mit großen Gasbehältern, Hammerstraße, Hammerbrücke (1921) am Bahnhof Chrieschwitz, Elster mit „Streichhölzerbrücke" und Eisenbahnbrücke zur Anbindung von Gas- und Elektrizitätswerk.

O: Bahnlinie Gera – Weischlitz, alter Postweg, baumbestandene Äußere- und Alte Reichenbacher Straße.

S: Baustelle Siedlung „Gartenstadt", Straße „Am Weinberg"/Reusaer Straße, Obstgartenweg mit Stickerei R. Schüler, Reusaer Straße mit Grabkapelle (1646) des ehemaligen Rittergutes Reusa, Röntgenstraße, zwischen Reusaer- und Röntgenstraße hängt Wäsche zum Trocknen.

W: im Wolkenschatten: Krankenhausgelände mit Schornstein des Heizhauses (beschattet),

Bm: Quartier Liebig-, Humboldt-, Virchow-, Äußere Reichenbacher Straße (B 173), Central- und Festhalle (1925) mit Schützenplatz, Fußballplatz des „Verein für Rasensport", auf dem ein Spiel im Gange ist; Schützenhaus (1884) mit rechts daneben liegenden Schießständen, in Fortführung die Gartenanlage „Taubenberg".

W.

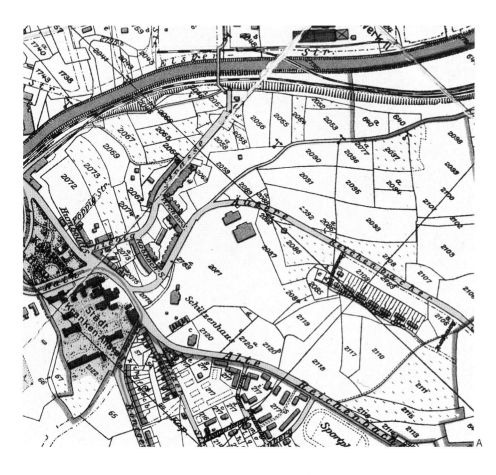

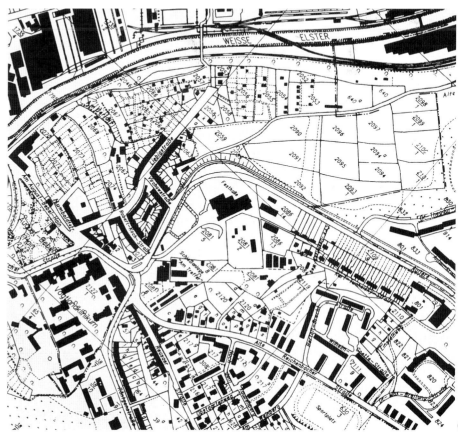

25 Städtisches Krankenhaus, westliches Reusa

Vom SW in Fortsetzung des Spittelberges, etwa in Höhe des Schornsteines vom Krankenhaus (1889) beginnend, zieht sich die Reusaer Straße diagonal durchs Bild. Auffallend die hell besonnte geschlossene Bebauung der Röntgenstraße, durch die Baulücke führt das „Gängl" zur Grabkapelle (1646) des ehemaligen Rittergutes Reusa an der Reusaer Straße.

N: Gartenanlage „Taubenberg" zwischen Äußerer Reichenbacher (B 173) und Alter Reichenbacher Straße, ein Teil der sich im Bau befindenden „Gartenstadt", grenzt im NO an die Straße „Am Weinberg".

O: Straßenkreuzung Röntgen-/Reusaer Straße und Straße „Am Weinberg", Am Schlosse (Am Reusaer Wald), Wirtschaftsgebäude des Rittergutes Reusa an der Röntgenstraße, südlich der Park (angeschnitten).

S: baumbestandenes Areal des Städtischen Krankenhauses, Alberthain (angeschnitten).

W: Reichenbacher-, Robert-Koch-Straße mit Wohnbebauung, Central- und Festhalle (1925), „Rasensportplatz" neben Schützenplatz.

Bm: Straßenkreuzung Reichenbacher-/Alte Reichenbacher Straße mit dem Verstärkerhauptamt der Deutschen Reichspostverwaltung (Deutsche Telekom), Reusaer-, Röntgenstraße, Schützenhaus (1884) mit darüberliegenden Schießständen.

W.

26 Reusa

Die Aufnahme zeigt die Ortsmitte von Reusa, das erstmals 1368 erwähnt und 1903 nach Plauen eingemeindet wurde.

N: Reichenbacher Straße (angeschnitten), Betonmasten der Hochspannungsleitung (Plauen – Oelsnitz), Gärtnereien E. Lindner und G. Fritsche an der Kleinfriesener Straße, Hauptfriedhof (angeschnitten), von der Kleinfriesener Straße bis zum Froschteich erstreckt sich jetzt die Wohnanlage „Am Sonnenhang" und nördlich zur Alten Reichenbacher Straße hin liegt heute ein Teil des Neubaugebietes „Chrieschwitzer Hang".

O: Reusaer Wald (angeschnitten), Tauschwitzer Straße mit nach S abbiegendem Weg zum Waldhaus, zwischen Hauptfriedhof und Reusaer Wald entstand das Wohngebiet „Suttenwiese".

S: auf den Feldern südlich der Reusaer Schule Straße „Nach dem Waldhaus", links die Theumaer Straße, darunter Wirtschaftsgebäude (Schweinemästerei) des ehemaligen Rittergutes Reusa, Straße „Am Schlosse" (Am Reusaer Wald).

W: Reusaer Straße, Am Lindentempel, am linken Bildrand steht heute die Mittelschule Reusa.

Bm: Reusaer Friedhof (1883-1969), daneben Kleingartenanlage „Reusa". An der Reusaer Straße Abzweig Tauschwitzer Straße „Erler's Restaurant", gegenüber „Gasthof Reusa" mit Tanzsaal und Biergarten, an der Tauschwitzer Straße die hell besonnte Reusaer Schule.

W.

27 Hauptfriedhof

Im Mittelpunkt der Aufnahme steht der zwischen 1914 und 1918 erbaute Hauptfriedhof mit Krematorium.

N: Betonmasten der Hochspannungsleitung Plauen – Oelsnitz, Kleinfriesener Straße mit Wohnbebauung, links darüber Froschteich, die Gärtnereien E. Lindner und G. Fritzsche, „Friedrich-Krause-Stift" (1911) gegenüber dem Haupteingang des Friedhofes, „Kriegersiedlung" an der Damaschkestraße.

O: Sorgaer Straße begrenzt z. T. das Friedhofsgelände.

S: Feldmark, von Tauschwitzer Straße (nicht im Bild) begrenzt.

W: Gelände des heutigen Wohngebietes „Suttenwiese".

Bm: der parkartig gestaltete Hauptfriedhof, Eingangsgebäude an der Kleinfriesener Straße mit zwei Tordurchfahrten, symmetrische Wegeführung bis zum Vorplatz des Hauptgebäudes, südlich anschließend das Krematorium, rechts davon eingefriedete Grabstätte mit dem Denkmal für die 301 Opfer, überwiegend junge Frauen, die am 19. Juli 1918 beim Brand im „Glühlampenwerk" (Kartuschieranstalt der AEG; später Industriewerke A.-G. Plauen) an der Parsevalstraße ums Leben kamen.

W.

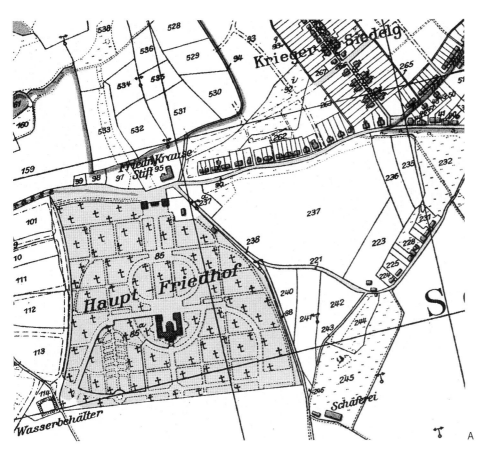
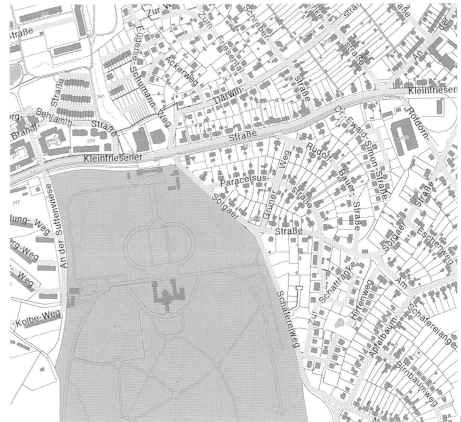

28 Kleinfriesen

Der ehemalige Ortsteil von Reusa kam 1903 zu Plauen. Im Mittelpunkt des Bildes liegt die Kreuzung Kleinfriesener-/Damaschkestraße/An der Hohle/ Rotdornweg, rechts daneben die Gärtnerei Sauertz.

N: Äußere Reichenbacher Straße mit Abzweigen nach Voigtsgrün und Falkenstein, fast parallel zur Falkensteiner Straße der Friesenbach, von der Eisenbahnbrücke östlich der Rangmühle überspannt, Wohnbebauung entlang der Falkensteiner Straße mit „Elbels Gasthof" an der Einmündung der „Hohle", rechts alte Schmiede.

O: Gasthof „Plauen-Kleinfriesen" (hell besonnt) mit Gondelteich an Einmündung der Kleinfriesener in die Falkensteiner Straße, darüber in weitem Bogen Staatsstraße (1895) nach Falkenstein. Die alte Straße nach Großfriesen ist oberhalb des Gondelteiches sichtbar.

S: Bebauung an der Sorgaer Straße, die den Rotdornweg kreuzt und dann in die Kleinfriesener Straße mündet, links die noch nicht verrohrte Kleinfriesener Straße, dazwischen Feldflur, die südlich bis zum Hauptfriedhof (nicht im Bild) reicht.

W: „Kriegersiedlung" an der Damaschkestraße mit kleinen gartenseitig gelegenen Stallungen zur Selbstversorgung, nördlich die Bahnstrecke Plauen/Chrieschwitz – Falkenstein mit Bahnhof Kleinfriesen und Fahrweg zur Falkensteiner Straße.

W.

29 Nördliches Kleinfriesen, Freibad „Waldfrieden"

Das Bild wird von der diagonal verlaufenden 1923 bis 1970 betriebenen Bahnstrecke Plauen/Chrieschwitz – Falkenstein mit ihrem Bahnhof Kleinfriesen (1923) bestimmt. Er befand sich südlich des oben rechts zu sehenden Viadukts über die Falkensteiner Straße, die dort einen Knick macht.

N: Hermesberg, Äußere Reichenbacher Straße (B 173) mit Abzweig Falkensteiner Straße, darüber geht die Voigtsgrüner Straße nach links ab, rechts davon Rangmühle am Friesenbach oberhalb der Falkensteiner Straße, Eisenbahnviadukt.

O: Siedlungshäuser (1921/28) für Kriegsbeschädigte an der Damaschkestraße.

S: landwirtschaftlich genutzte Fläche (es werden Runkeln geerntet und zu Haufen gesetzt), heute bis nach Reusa überbaut.

W: Eisenbahnüberführung (nach der Stillegung beseitigt) an der Äußeren Reichenbacher Straße (B 173), das vom Friesenbach gespeiste Freibad „Waldfrieden" (1922) mit Sprungturm und großer Rutschbahn, Gaststätte „Waldfrieden" und Gondelteich, südlich, zwischen B 173 und Bahnlinie Gartenanlage „Frohsinn".

W.

30 Reusa, Reusaer Wald und Hauptfriedhof

Inmitten der aus etwa 4.500 m entstandenen Höhenaufnahme sind Reusa mit Reusaer Wald und der Hauptfriedhof deutlich auszumachen.

N: Kemmlerstraße mit Einmündung Straße „Reusaer Wald", Knielohbach längs des Waldes, im Walde Walderholungsstätte und Waldhaus Reusa, das ehemalige Rittergut Reusa mit Park und zwei Teichen, Röntgen-, Reusaer Straße, Bauplatz „Gartenstadt", baumbestandene Alte Reichenbacher Straße.

O: Äußere Reichenbacher Straße mit Abzweig Friesenweg und Alte Reichenbacher Straße, darunter Bogen der Eisenbahnlinie Plauen/Chrieschwitz – Falkenstein, Freibad Waldfrieden mit Gaststätte, Bahnhof Kleinfriesen.

S: „Kriegersiedlung" an der Damaschkestraße, Kleinfriesener Straße, Sorgaer Straße, teilweise bebaut, Tauschwitz.

W: Siedlung Waldesruh mit Kreuzung Kemmler-/Schloditzer Straße, Straße „Nach Waldesruh" (in Richtung Brand).

Bm: Reusaer Wald mit Wegen und Wasserhochbehälter an der Straße „Nach Waldesruh", südlich zweigt Tauschwitzer Straße ab, zwei von Erdwällen umgebene Pulverhäuser (1905) zwischen beiden Straßen, rechts der Hauptfriedhof (1918), teils begrenzt von Reusaer-, Sorgaer Straße und Schäfereiweg.

W.

31 Ostvorstadt mit Sandgrubengelände

Von SW her ist beinahe die gesamte Ostvorstadt aber auch das Fabrikgebiet um die untere Fürstenstraße und das Städtische Krankenhaus erfaßt.

N: Brücke der Unteren Bahn über die Reichenbacher Straße, Likör- und Essigfabrik Ludwig Gräf (seit 1826), rechts darunter der terrassenförmig angelegte Milchhof (1928) der Vogtländischen Milchhof A.-G. (1993 abgerissen), darüber Gartenanlage „Humboldt", König-Albert- (August-Bebel-Hain) entlang der Reichenbacher Straße, darüber Humboldtstraße, Krankenhausgelände, Rittergutswiesen mit „Pflaumenallee", darunter westlicher Rand des Reusaer Waldes, davor Knielohgrund.

O: Kemmlerschule (1902) an Kreuzung Stöckigter-/Fiedlerstraße, darunter die baumbestandene Alte Oelsnitzer Straße.

S: Kies- und Sandgrubengelände südlich der Stöckigter Straße, links Klemmstraße.

W: Bahnlinie Gera – Weischlitz, Rinnelbergstraße, Rinnelberg, Mammenstraße, links der Bahn Trögerstraße mit Gerberei und Lederfabrik C. Tröger, nördlich Moorstraße, Reichenbacher Straße, Fürsten- (Stresemannstraße) mit Fürstenbrücke (1899) und den Bleichereien, Färbereien, Appretur-Anstalten C. C. Münzing, darüber Gebr. Höppner.

Bm: Wohnquartier zwischen Bismarck-, Knieloh- und Stöckigter Straße, gequert von Lette-, Zürner-, Wald-, Beyer- und Fiedlerstraße; Sandgrubengelände, nördlich von der baumbestandenen Alten Oelsnitzer Straße, im S durch im Schlagschatten liegende bzw. hell besonnte Abbruchkanten begrenzt.

W.

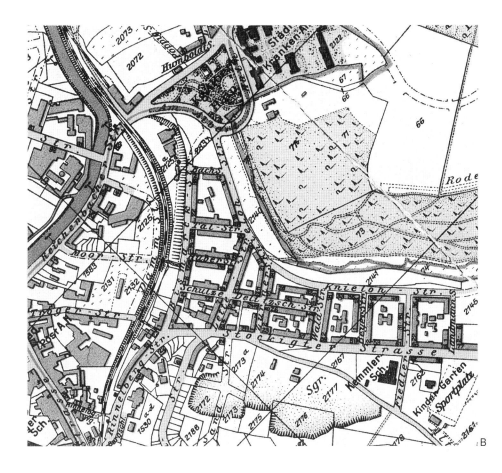

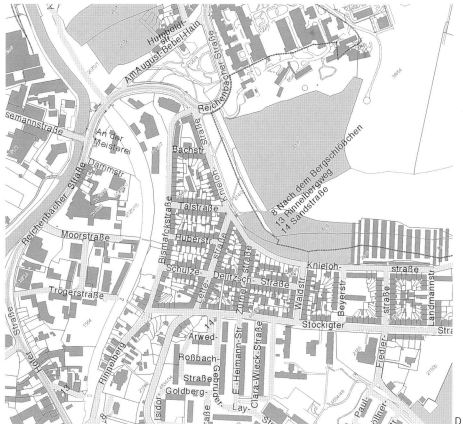

32 Elster, Bahnlinie, Hofer Vorstadt

Die aus geringer Höhe entstandene Aufnahme zeigt vor allem das elsternahe Gebiet zwischen Gössel- und Fürstenbrücke.

N: Fürsten- (Stresemannstraße) mit den Bleicherei- und Färbereibetrieben C. C. Münzing und Gebr. Höppner links der Elster, Fürstenbrücke (1899), rechts der Elster Likör- und Essigfabrik Ludwig Gräf (1826) und hell besonnter Milchhof (1928), Eisenbahnstrecke Weischlitz – Gera, Bismarck-/Rinnelbergstraße, Teil der Ostvorstadt mit Lettestraße.

O: Mammenstraße, unterhalb des Steilhanges Brunnenstraße mit Hammer-Brauerei, darunter vom Milmesbach gespeister Teich, Hofer Straße mit abzweigender Pfaffenfeld- und Böhlerstraße, „Sauinsel", Güterstraße.

S: Bahnkörper, Wiesenstraße, Weberei und Stickerei F. L. Böhler & Sohn mit viereckigem Schornstein (später OPEL-Niederlassung) an Ecke Brüder- und Talbahnstraße, darüber zum Anger führende Fabrikstraße, Elster mit Gösselbrücke (1898) und Böhlerstraße.

W: Bleicherei und Färberei Dr. A. Nietzsche G.m.b.H. mit Schornstein, rechts ein Betonmast der 30kV-Freileitung entlang der Elster zwischen den Umspannwerken A (Elektrizitätswerk) und B (Dürerstraße), nördlich davon Plauener Netzwerk G.m.b.H. an der Hofwiesenstraße, gegenüber Bleicherei und Färberei F. A. Hempel, Kesselhaus H. Franke an der Färberstraße, „Schwarzer Steg" (1884), Pfortenstraße, links Johanniskirche (angeschnitten), rechts daneben Veredlungswerk G.m.b.H. Plauen, nördlich Neustadtplatz, Hradschin mit Schloß und Gerichtsgebäude, rechts König-Albert-Brücke (1244 erstmals erwähnt) (Alte Elsterbrücke) mit Kreuzermühle (1122 erwähnt) und Gebäude des 1332 gestifteten ehemaligen Hospitals St. Elisabeth links der Elster.

Bm: hell besonnte Angerschule (1875), nördlich König-Albert-Bad (1912) an der Hofer Straße, nordöstlich Trögerstraße mit Gerberei und Lederfabrik C. Tröger, südlich Angerschule (1875) mit Turnhalle (1901), rechts darunter Schützen- (Trützschlerstraße), Zementwarenfabrik L. A. Schreiber an der Pfaffenfeld-/Einmündung Wiesenstraße.

W.

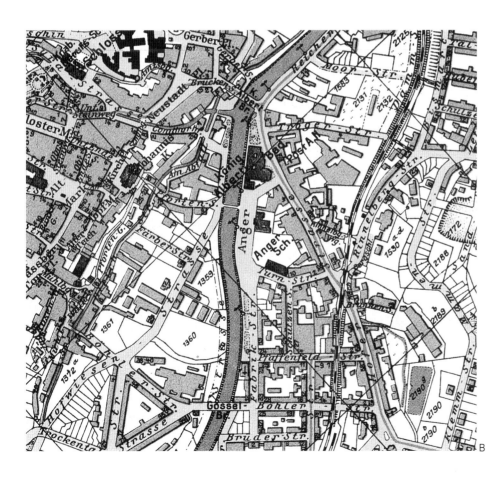
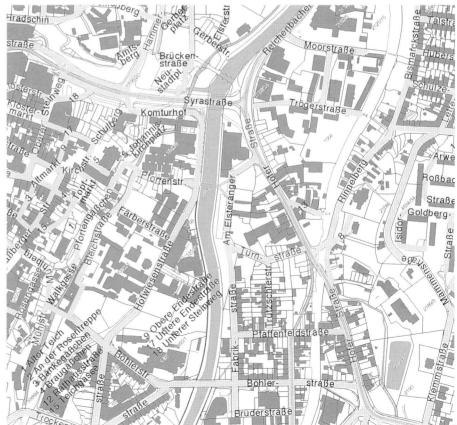

33 Fabriken an Elster und Mühlgraben, Unterer Bahnhof

Zu sehen ist ein Teil des wichtigsten, zwischen Bahnlinie, Elster und Mühlgraben gelegenen Industriegebietes der Stadt.

N: Krauseschule Ecke Straßberger-/Gartenstraße, Kreuzung Hofwiesen-, Böhler- und Dürerstraße, darunter Kreuzung Trockental-, Dürer- und Ludwig-Richter-Straße, links davon bis zur Elster Fabrikgebäude von Gebr. Wolff, F. W. Dischreit, F. A. Hempel; Gösselbrücke (1898) mit Böhlerstraße, rechts der Elster Fabrikstraße, darunter Weberei und Stickerei F. L. Böhler & Sohn an der Ecke Brüder- und Talbahnstraße, die weiter südlich in die parallel zur Bahnlinie Gera – Weischlitz führende Wiesenstraße mündet.

O: Wasserturm (hell besonnt) an der Güterstraße und deren Weiterführung als Thiergartner Weg nach der spitzwinkligen Einmündung der Thiergartner Straße, links darunter das Abfertigungsgebäude des Güterbahnhofes.

S: Gleisanlagen, rechts der Elster am unteren Bildrand das „Vomag"-Hauptwerk, anschließend Industriewerke A.-G. Plauen, Wagenhalle der Plauener Straßenbahn (1904), R. & P. Höckner.

W: links der Elster am Wehr (1898) Veredelungswerk R. Zöbisch Söhne G.m.b.H., Abzweig Mühlgraben, Straße „Am Mühlgraben" Textilbetriebe Gebr. Wolff, F. W. Dischreit, J. Fleischer G.m.b.H., R. Zöbisch Söhne G.m.b.H., F. A. Hempel; Straßberger Straße links oben.

Bm: Dürerbrücke, Wohnbauten „Am Unteren Bahnhof" und Wiesenstraße, Bahnhofsvorplatz mit Abfertigungsgebäude (1913).

W.

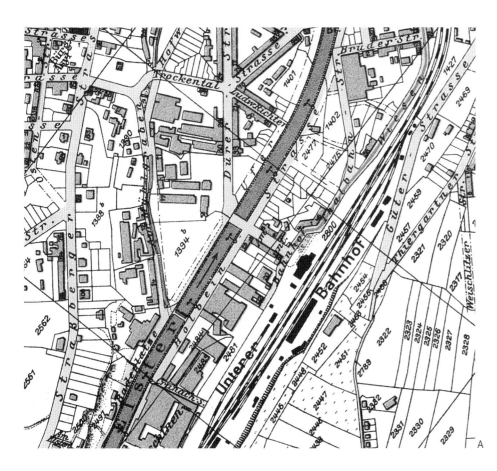

34 Oelsnitzer Straße, Sandgrubengelände, „Sauinsel"

Die von SO her entstandene Aufnahme zeigt im Hintergrund Altstadt und den elsternahen Stadtbereich, vorn beherrschen Oelsnitzer Straße, untere Südvorstadt und Sandgrubengelände das Bild.

N: sternförmige Kreuzung Trockental-, Dürer-, Ludwig-Richter-Straße mit Wohnbebauung, helle Fassade der Krauseschule (1876) Ecke Straßberger-/Gartenstraße, Giebel des Alten Rathauses mit Altmarkt, südöstlich Johanniskirche, rechts außen Schloß und Amtsgericht, südlich davon Neustadtplatz, Brückenstraße, König-Albert-Brücke (Alte Elsterbrücke).

O: Reichenbacher-/Hofer-, Tröger-, Rinnelberg-, Mammen-/Klemmstraße, Sandgrubengelände durch Wolken verdunkelt (Teil des späteren Wohnviertels Mammengebiet), Bickelstraße (hell besonnt), Oelsnitzer Straße (B 92), Kreuzung Reinsdorfer- und Südstraße.

W: Milmesgrund, baumbestandene Hofer Straße (B 173) (Hofer Landstraße), Meßbacher-, Güterstraße, Gleisanlagen, darüber Wiesen- mit spitzwinklig einmündender Talbahnstraße, Elster mit regelmäßig bepflanzten Ufern, Dürerbrücke, mehrere Industriebetriebe, oben Konradstraße.

Bm: Wohnviertel zwischen Böhlerstraße mit Gösselbrücke (1898), Elster, Turn- und Hofer Straße, rechts hell beschienene Angerschule und König-Albert-Bad (Stadtbad) mit Schornstein, Bahnlinie Weischlitz – Gera; zwischen Hofer-, Oelsnitzer- und Klemmstraße „Hammerpark" mit Brauerei und Villa, links „Sauinsel" mit fünf zusammentreffenden Straßen.

W.

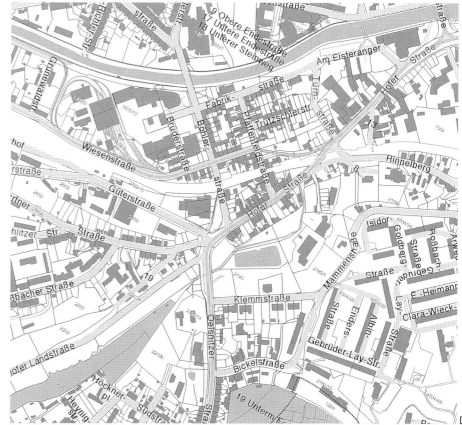

35 Südvorstadt

Vor uns liegt die gesamte Südvorstadt mit Galgenberg (Höhe 432,3) im O und der noch nicht regulierte Milmesbach im W.

O: Oelsnitzer Straße (B 92), Gartenanlage „Sonnenschein" am noch nicht ausgebauten Teil der Schellingstraße.

S: Dillnerplatz mit hell besonnter Herbartschule (1906), Gärten und Sandgrube an der Hegelstraße.

W: Hofer Straße (B 173), Milmesgrund, Kleingärten entlang des Milmesbaches, an der Hegelstraße Höcknerschule (1945 zerstört) mit Höcknerplatz, Oelsnitzer Straße (B 92), Hammer-Brauerei und Hammervilla in parkartigem Grundstück von Oelsnitzer-, Klemm- und Mammenstraße begrenzt; Klemmstraße, die sich als Mammenstraße fortsetzt.

Bm: Von der Oelsnitzer Straße gehen Süd-, Kant-, Fichte- und Leibnizstraße beinahe rechtwinklig ab. Stickerei- und Spitzenfabrik A. L. Lorenz (mit Schornstein) an der Reinsdorfer Straße. Eine Straßenbahn der „Blauen Linie" (Oberer Bahnhof – Südvorstadt) steht an der Endhaltestelle auf der Oelsnitzer Straße in Höhe Leibnitzstraße. Überall hängt Wäsche zum Trocknen.

W.

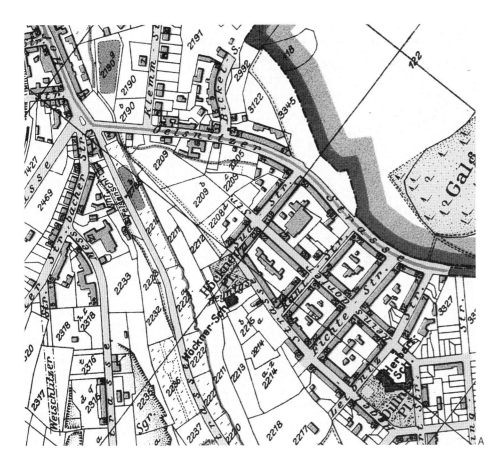
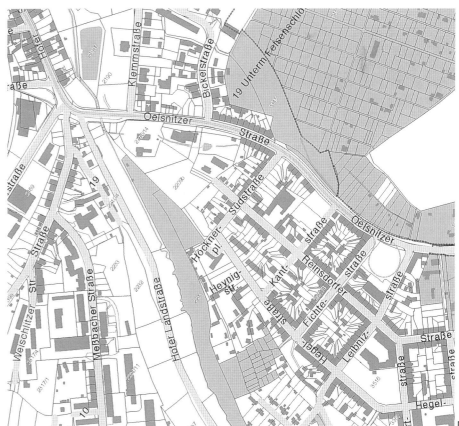

36 Reinsdorf

Die Bildmitte nimmt das Rittergut Reinsdorf mit seinen vom Reinsdorfer Bach durchflossenen Teichen im Park ein. Der Ort wurde erstmals 1263 erwähnt und gehört seit 1949 zu Plauen.

N: am oberen Bildrand die Alte Oelsnitzer Straße, darüber Gartenanlage „Ostvorstadt", in der Mitte die jetzt abgestorbene „Napoleons-Eiche" an der Kreuzung Kemmler- und Alte Oelsnitzer Straße, die östlich nach Oberlosa führt.

O: Reinsdorfer Park, südlich davon Fußballplatz des „Sportverein Vorwärts-Süd".

S: Häuserzeile an der Unterlosaer Straße, links unten die Gartenanlage „Gertraud".

W: Randbereich der Südvorstadt mit Schelling-, Hegel-, Reinsdorfer-, Oelsnitzer- und Leibnizstraße. In Höhe Leibnizstraße Endhaltestelle der „Blauen Linie" (Oberer Bahnhof – Südvorstadt).

Bm: zwischen Oelsnitzer- und der steil ansteigenden Kemmlerstraße der bewaldete Galgenberg (Höhe 432,3) mit Höhensportpark der „Spielvereinigung 1909", darunter Tennisplatz.

W.

37 Kemmler, Alte Oelsnitzer Straße

Im Bild ist der 1902 aus Granit und Fruchtschiefer erbaute und hell besonnte Bismarckturm auf dem bewaldeten Kemmler (Höhe 506,8) aus westlicher Richtung zu sehen.

N: links oben Kemmlerstraße (angeschnitten), rechts oben der Weg „Nach Waldesruh".

O: Alte Oelsnitzer-/Alte Plauensche Straße in Richtung Oberlosa.

S: auf der freien Fläche unterhalb der Alten Oelsnitzer Straße steht heute die Siedlung Oberlosa.

W: Alte Oelsnitzer Straße nach Plauen.

Bm: links unterhalb des Turmes ist das ehemalige „Bismarckhaus" (1910 vom Vogtländischen Bismarck-Verein als Unterkunft erbaut) zu sehen (später Kindererholungsheim). Südlich des Turmes befindet sich ein an der Abbruchkante eingezäunter Steinbruch.

W.

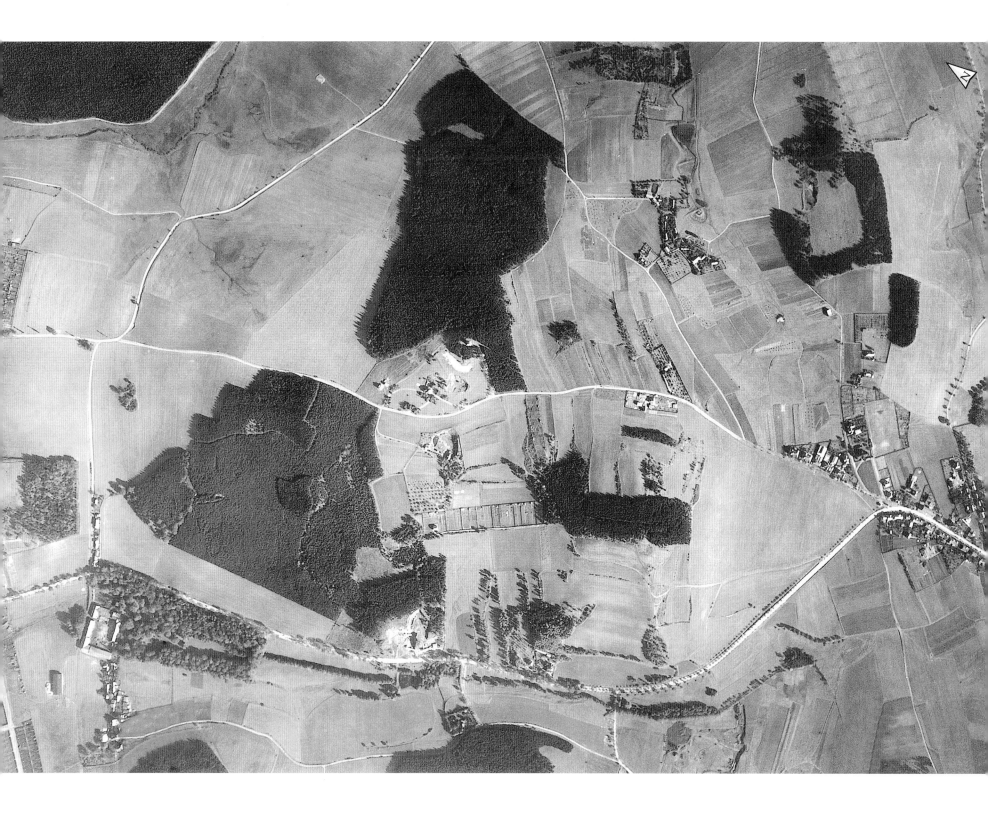

38 Südlicher Stadtrand, Reinsdorf, Kemmler, Brand bis Oberlosa

Aus einer Höhe von etwa 4.500 m ist der Raum südlich der Stadt von Reinsdorf, über Kemmler und Brand bis Oberlosa im O erfaßt.

N: Teil des Reusaer Waldes, Kemmlerstraße, Nach Waldesruh, Zum Buchenberg.

O: parallel zum Bildrand Am Park/An der Lohe, Oberlosa: Kleiner Brand mit Sportplatz, Neue Plauensche Straße.

S: Bettelweg nach Unterlosa, Neue Plauensche Straße/Oelsnitzer Landstraße, darunter baumbestandener Gesse-/Reinsdorfer Bach, die heutige B 92 in Richtung Oelsnitz gibt es noch nicht, der heutige Abzweig nach Oberlosa ist etwa über dem Teich, der rechts des Abzweiges Neue Plauensche-/Unterlosaer Straße zu sehen ist, Plattenhübel (Höhe 482,3; angeschnitten), Straße „Am Steinbruch", gegenüber der große Diabassteinbruch, nach Unterlosa abgehende Straße.

W: Reinsdorf, Gut Reinsdorf mit Park, Galgenberg (Höhe 432,3) mit Sportplatz, Kemmlerstraße, Kreuzung Alte Oelsnitzer-/Kemmlerstraße mit der „Napoleons-Eiche", Abzweig Reusaer Wald.

Bm: Kemmler (506,8) mit Turm (1902), Waldung zur „Waldesruh" hin – östlich davon Siedlung Brand, südlich des Gipfels Alte Oelsnitzer-/Alte Plauensche Straße, darunter Parzellen, heute Teil der Siedlung Oberlosa.

W.

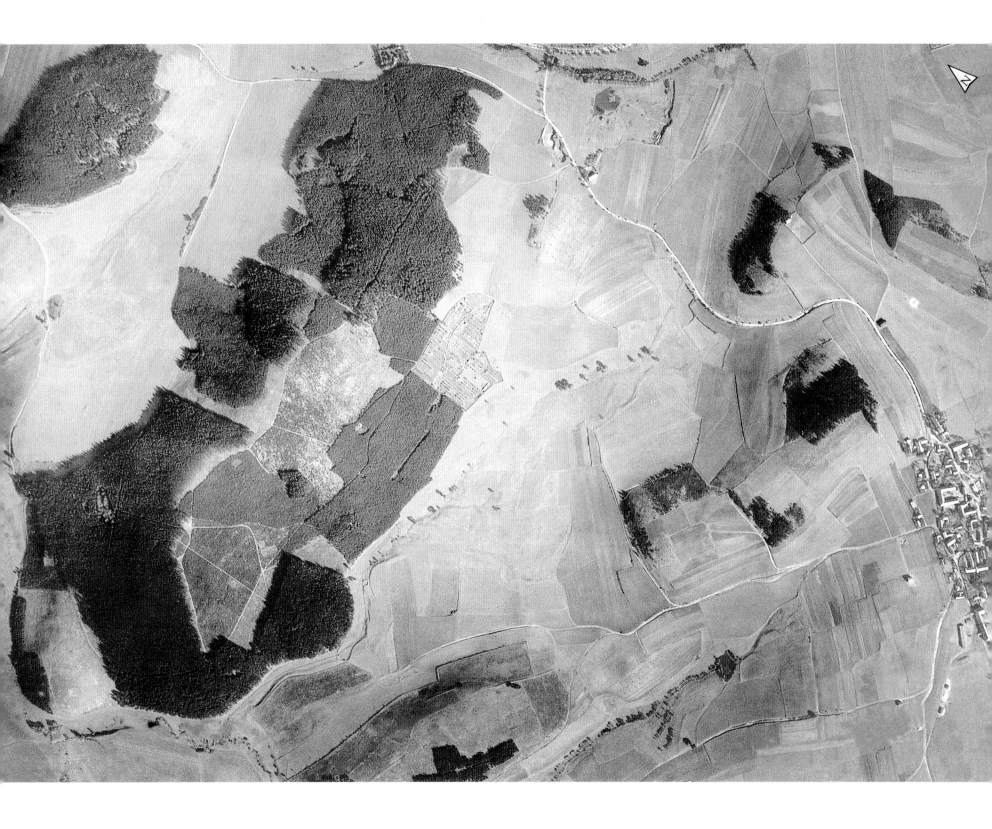

39 Gebiet zwischen Sattlerberg, Schwarzem Holz und Unterlosa

Die Senkrechtaufnahme aus großer Höhe zeigt das Gebiet zwischen Sattlerberg südlich von Reinsdorf, über das Schwarze Holz bis Unterlosa im SO.

N: links bewaldeter Sattlerberg (Höhe 446,2), Unterlosaer Straße, darunter angrenzend Plattenhübel (Höhe 482,3) als Teil des Waldgebietes Schwarzes Holz, baumbestandene Oelsnitzer Landstraße, südlich davon Reinsdorfer Bach (beide angeschnitten) und Teich in ehemaliger Lehmgrube, Steinbruch am Wege zur Oelsnitzer Straße.

O: N-S verlaufender Bettelweg zwischen Ober- und Unterlosa, in die Unterlosaer Straße mündend, links daneben der Arbeitersportplatz am Trudenpöhl, südlich davon Mohnberg (Höhe 498,3), Unterlosa mit seinen beiden Teichen und einigen großen Gehöften, südlich abgehender Weg nach Taltitz.

S: Lunzenteich mit bewachsenem Lunzelbach, darüber Weg nach Meßbach.

W: Schwarzes Holz nach Thiergarten zu, Weg mit Teich zwischen Reuthhübel (Höhe 429,3) (angeschnitten) und Sattlerberg.

Bm: hell besonnte Parzellen am Plattenhübel, heute „Siedlung am Schwarzen Holz".

W.

40 Westliches Plauen, Industriebetriebe an Elster und Mühlgraben

Die Aufnahme bietet einen weiten Blick von S auf die westliche Stadt. Wolkenschatten verdunkeln Teile des Bildes.

N: Syratal mit Syratalbrücke, rechts darunter der Ochsenhübel mit Hermannplatz, Syratal mit Poppenmühle, Wohnquartier an Hain- und Haußnerstraße, darüber Streitsberg und Stadtparkteich, Dobenaustraße, Hindenburgring (Stadtparkring).

O: Friedrich-August-Brücke (1905), Realgymnasium (1909) (Friedensschule) an der Weststraße, rechts der Brücke Tüllgardinenweberei L.O. Hartenstein an der Dobenaustraße, westlich Innenstadt, Einmündung Konradstraße (Siegener Straße) in die Straßberger Straße, darunter R. Zöbisch Söhne G.m.b.H. am Mühlgraben (jetzt Berufsschulzentrum „e. o. plauen").

S: Uferstraße, Elsterwehr (1898) mit Beginn des Mühlgrabens und Straße „Am Mühlgraben", am südlichen Elsterufer Werkanlagen (alle angeschnitten) der Industriewerke A.-G. Plauen an der Holbeinstraße, das „Vomag"-Hauptwerk an der Cranachstraße.

W: Straßberger Straße, darüber Sportplatz des Arbeiter-Turn- und Sportvereins „Eiche" (Kurt-Helbig-Sportplatz), Westbahnhof unterhalb der König-Georg-Straße (Liebknechtstraße), Ferdinand-Schill-, Neundorfer Straße, oberhalb die Kuntzehöhe (420,8), rechts daneben einzelne Häuser an der Rankestraße, rechts Birkenhübel.

Bm: Sternplatz, links daneben Gartenanlage „Sternplatz", rechts Diesterweg- und Dittesstraße mit gleichnamigen Schulen (1913, 1905), Comeniusstraße, darunter Gartenanlage „Comeniusberg", Konrad- (Siegener Straße), Seestraße, hell besonnte, sich durch das gesamte Bild ziehende Straßberger Straße mit Gartenanlagen „Bienengarten", „Straßberger Vorstadt" und „Am Schwalbenweg".

W.

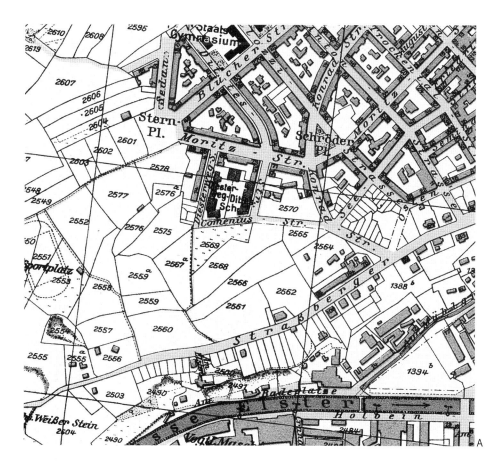
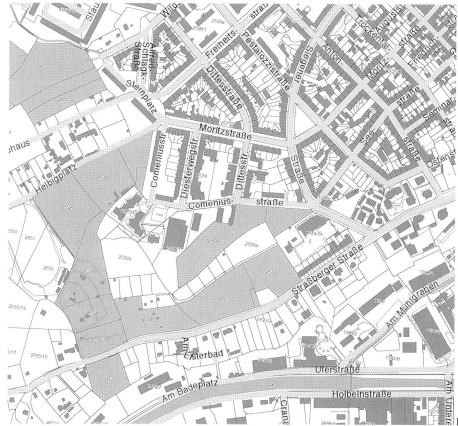

41 Südwestlicher Stadtrand, „Vomag"-Werk II

Zwischen Elsterschleife an der Leuchtsmühle und der Unteren Bahn liegt das Werk II der Vogtländischen Maschinen-Fabrik A.-G. auf dem Gelände der vormaligen Plauener Kunstseidenfabrik A.-G. (1912; von 1917-1919 Munitionsfabrik), das seit 1919 der modernen Lastwagenfertigung diente. Die meisten Anlagen wurden in den frühen 30er Jahren beseitigt und 1936 an gleicher Stelle das Werk der Sächsischen Zellwolle A.-G. errichtet; (nach 1991 abgerissen, jetzt Gewerbegebiet), rechts darüber Leuchtsmühle und Elsterbrücke (1921).

N: über dem hell eingezäunten Sportplatz des Arbeiter-Turn- und Sportvereins „Eiche" (Kurt-Helbig-Sportplatz) Sternplatz, östlich die Straßberger Straße, darunter, rechts der Elster, „Vomag"-Hauptwerk an der Cranachstraße, östlich „Nach den drei Bergen".

O: das Gebiet der heutigen Siedlung Possig, Possigweg, „Zur Alm", Thiergartner Weg.

S: Ortsflur elsteraufwärts in Richtung Straßberg, Waldgebiet des „Zottner".

W: Straßberger Straße (Am Glockenberg) mit Gasthaus „Schweizerhof" (zuvor „Glockenberg") unterhalb des Sportplatzes.

W./L.

42 Dittrichplatzviertel, Sternplatz

Bildbeherrschend ist der Sternplatz, von dem die breite, baumbestandene Blücher- (Freiheitsstraße), links Sedan- (Alfred-Schlagk-Straße) und Moritzstraße strahlenförmig abgehen.

N: hintere Hainstraße, Aktien-Brauerei (beide angeschnitten), Breite Straße; Dittrichplatz, Neundorfer Straße; Bildbegrenzung etwa Gartenstraße, Städtische Gewerbeschule, Krausenschule.

O: Kreuzung Konrad- (Siegener Straße), Comenius- und Seestraße, „Stübers Wiese", Gartenanlage „Comeniusberg".

S: Kriegsbeschädigten-Garten-Anlage „Sternplatz", daneben Bau-, Stuck- und Steinmetzbetrieb Schmidt & Misselwitz.

W: Gartenanlage südlich der Wildstraße, Seehausgelände, obere Pestalozzi-/Ecke Neundorfer Straße (hell besonnt), Gabelsberger-, Weise-, Gutenbergstraße, Herrmannplatz (angeschnitten).

Bm: Blücherstraße, links das stattliche Plauener Gymnasium (1911; 1945 zerstört und abgerissen), darüber das als Lehrerseminar 1899 erbaute, spätere Polizeipräsidium, Ecke Neundorfer-/Gutenbergstraße Landratsamt (1903); zwischen den von der Moritzstraße rechts abgehenden Diesterweg- und Dittesstraße die beiden gleichnamigen Schulen (1913, 1905). Die Diesterwegschule war später Mädchenoberschule, jetzt Diesterweg-Gymnasium. Auf vielen Trockenplätzen ist „große Wäsche" sichtbar.

L./W.

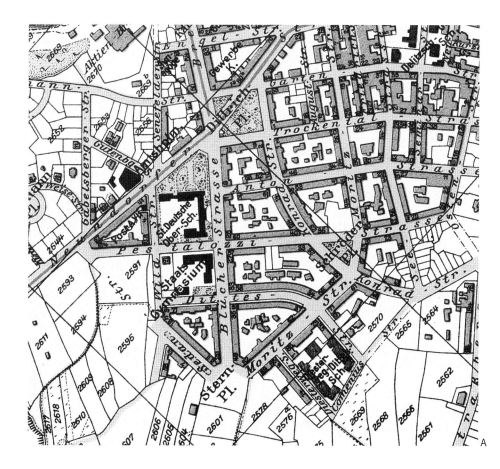
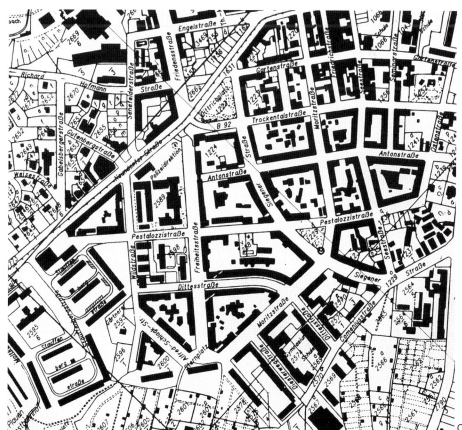

43 Dittrichplatzviertel

Die aus etwa 500 m gemachte Aufnahme zeigt vorn die breite, diagonal verlaufende ehemalige Blücher- (Freiheitsstraße), die von der Neundorfer Straße gekreuzt, sich als Breite- (Friedensstraße) fortsetzt.

N: Friedrich-August-Brücke (angeschnitten), Weberei L. O. Hartenstein, Dobenaustraße; Karl-, Burg-, Moritz-, Friedrich-, Seestraße.

O: Bildbegrenzung etwa See-, Konrad- (jetzt Siegener Straße) /Ecke Pestalozzistraße.

S: Ecke Dittes-/Blücherstraße, links das 1911 fertiggestellte Plauener Gymnasium (1945 ausgebrannt und abgerissen), darüber Polizeipräsidium (1898 als Lehrerseminar erbaut) mit parkartigem Garten; vor der Turnhalle ist ein Ballspiel im Gange.

W: Wildstraße, über der Neundorfer- die noch kaum bebaute Senefelderstraße.

Bm: Dittrichplatz, dessen Mitte ein Rondell ziert, mit Wartehäuschen, umgeben von stattlichen, zwischen 1890 und 1910 entstandenen, 1945 überwiegend zerstörten Geschäfts- und Wohnhäusern. Von ihm gehen Garten-, Konrad-, und Trockentalstraße ab. Eine Straßenbahn der „Gelben Linie" (Haselbrunn – Kaserne) fährt stadtauswärts. Auf mehreren Straßen lassen sich Pferdefuhrwerke, Kraftfahrzeuge und Fußgänger erkennen.

L.

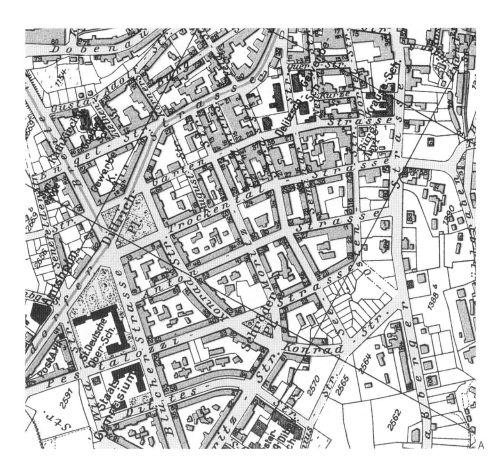

44 Dittrichplatzviertel, Neundorfer Straße, Westbahnhof

Wir sehen das westliche Dittrichplatzviertel, das noch weitgehend freie Seehausgelände und das Wohngebiet zwischen Neundorfer- und König-Georg-Straße (Liebknechtstraße).

N: Tennera-Asyl, Dobenau- und Streitsberg, darunter Poppenmühle (hell besonnt), Wohnquartier Haußner-, Dobenau-, Hainstraße, Weberei Meinhold & Sohn, Aktien-Brauerei, darüber Industrie- und Handelskammer (angeschnitten), Friedrich-August-Brücke, rechts davon Weberei L. O. Hartenstein, Karlstraße.

O: Neundorfer Straße, Dittrichplatz, nördlich abgehend Breite- (Friedensstraße), südlich Blücher- (Freiheitsstraße) mit Polizeipräsidium (1899 als Kgl. Lehrerseminar erbaut), südlich anschließend ehemaliges Staatsgymnasium (1911; später „Deutschritterschule"; 1945 ausgebrannt und abgerissen); Sternplatz (angeschnitten), davon zweigt die hell besonnte Sedan- (Alfred-Schlagk-Straße) ab, Gartenanlagen südlich der Wildstraße.

S: Bahnstrecke Plauen – Eger mit Überführung im Zuge der Neundorfer Straße, Westbahnhof, König-Georg-Straße, Gaststätte „Georgenhof" mit Saal.

W: Rückfront der Neundorfer Straße, Raabstraße noch unbebaut, baumbestandene Syra unmittelbar östlich der Syratalbrücke (nicht im Bild).

Bm: das nur von einigen Baubetrieben genutzte, vorwiegend unerschlossene Seehausgelände, im N von der hell besonnten oberen Pestalozzi- und Neundorfer Straße begrenzt; auf der ebenen Fläche im Winkel beider Straßen „Zirkuswiese" (heute „Diska"-Markt), davor zwei Straßenbahnen. Ecke Neundorfer-/Neupertstraße Gasthof „Zum grünen Kranz" mit Saal, Kegelbahn und Biergarten, dahinter Stickereifabrik O. Klärner & Steinberg, nordöstlich davon der auf dem „Ochsenhübel" kreisförmig angelegte, noch kaum bebaute Herrmannplatz; Weise-, Gabelsberger-, Gutenberg-/Ecke Neundorfer Straße Landratsamt (1903).

L./W.

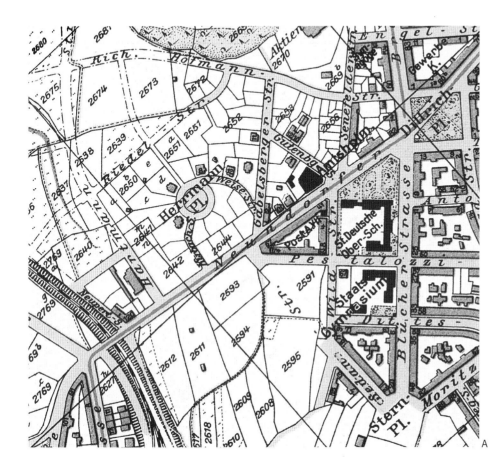
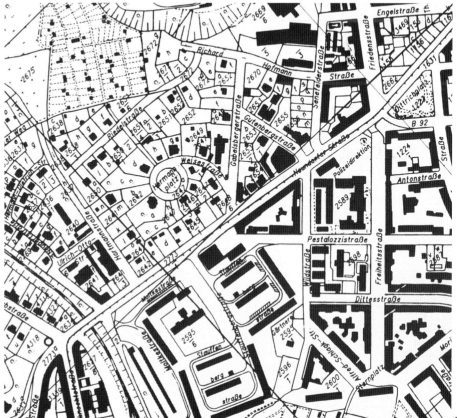

45 Äußere Neundorfer Vorstadt, Herrmannplatz

Bildbeherrschend ist der auf dem ehemaligen „Ochsenhübel" neu angelegte, kreisförmige Herrmannplatz, von dem die noch kaum bebaute Weisestraße in weitem Bogen zur Gabelsbergerstraße verläuft.

N: Kunstschule, Albertplatz, Karlschule; weit im Hintergrund die ehemalige Oberrealschule (jetzt Lessing-Gymnasium).

O: Bildbegrenzung etwa Kaufhaus J. Tietz (zuletzt „Horten"), Stadttheater, Ecke Breite-(Friedensstraße)/Dittrichplatz, Kreuzung Gabelsberger-/Neundorfer-/Pestalozzistraße mit im Bau befindlichem Eckhaus.

S: Herrmannplatz, Weise-, Riedelstraße (noch nicht ausgebaut).

W: Kleingartenanlage „Poppenmühle", spätere Riedelstraße, hintere Hain-, darüber Haußner-, Dobenaustraße, Kreuzung Schmid-/Hohe-/Weststraße ehemaliges Realgymnasium (1909; später Wirtschaftsoberschule), Keplerstraße, Hang zum Bärenstein.

Bm: Aktienbrauerei (1858) mit hell besonntem Schornstein, Weberei Meinhold & Sohn, daneben Friedrich-August-Brücke (1905), dahinter Weberei L. O. Hartenstein, Dobenaustraße, nördlich der Brücke Industrie- und Handelskammer (1915), den Syrabach säumen hohe Bäume.

untere Bm: Richard-Hofmann-, Senefelderstraße, Ecke Gutenberg-/Neundorfer Straße, Landratsamt.

L.

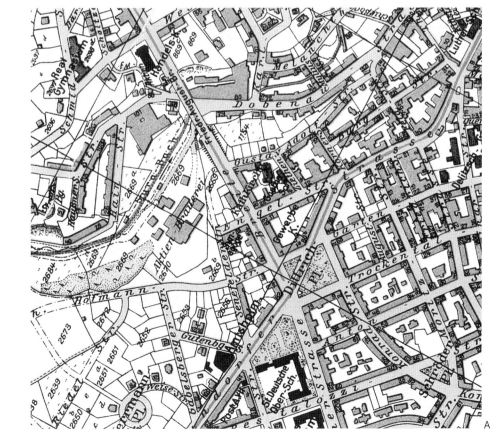
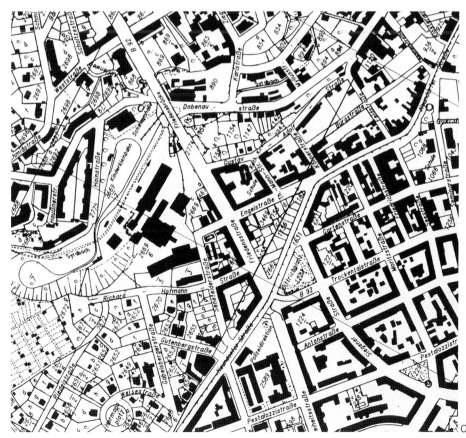

46 Nordwestlicher Stadtrand, Syratal-/Dobenaugebiet

Im Vordergrund ist das 1897/98 erbaute Wohnquartier Hain- und Dobenaustraße (hell besonnt), darüber Streitsberg mit Gaststätte und großen Jugendstil-Häusern sowie Dobenaugut (zwischen hohen Bäumen) zu erkennen; dahinter Stadtpark mit Teich, Tennera-Asyl (1883) und Hindenburgring (Stadtparkring).

N: Zwoschwitz-/Kauschwitzer Feldmark, Holzmühle, Stadtwald, davor Wartburgplatzviertel, Neues Forsthaus, Straße „Am Stadtwald", Bahnlinie Plauen – Hof.

O: westliches Haselbrunn (Pausaer-, Morgenberg-, Parkstraße), Gleisanlagen Oberer Bahnhof mit Streckenabzweig Plauen – Eger, Straße Am Bärenstein, ehemaliges Realgymnasium (1909; später Wirtschaftsoberschule), darunter, Ecke Weststraße/Aktienweg Deutsche Taschentuch-Industrie A.-G. (später Eich- und Wasserbauamt – Rückseite).

S: Friedrich-August-Brücke, Weberei Meinhold & Sohn (Gelände der heutigen Schwimmhalle), Aktienbrauerei (1858), davor Syra, Richard-Hofmann-/Einmündung Gabelsbergerstraße, nördlich davon Gartenanlage und Gaststätte „Poppenmühle" (Gondelteich von Bäumen verdeckt); hangseitiges Feld zwischen Tennera und Bahnlinie mit aufgesetzten Düngerhaufen.

W: Weisestraße (angeschnitten), Syratalbrücke (erbaut 1871-73), nördlich davon „ATP"-Sportplatz mit Gaststätte.

obere Bm: Bahnunterführung zur Kauschwitzer Straße, links „VFC"-Sportplatz, gegenüber ehemaliger Kuntze-Park mit Spielwiese (1945/46 abgeholzt).

L.

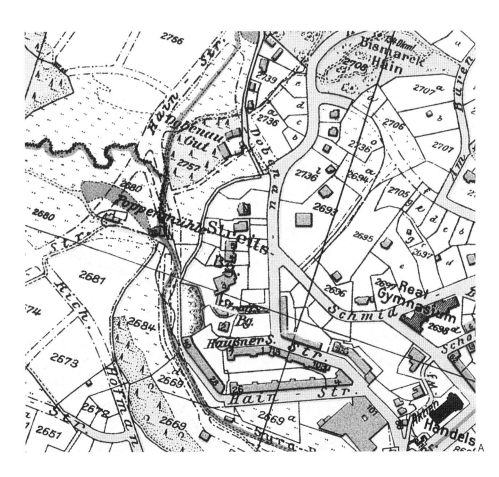

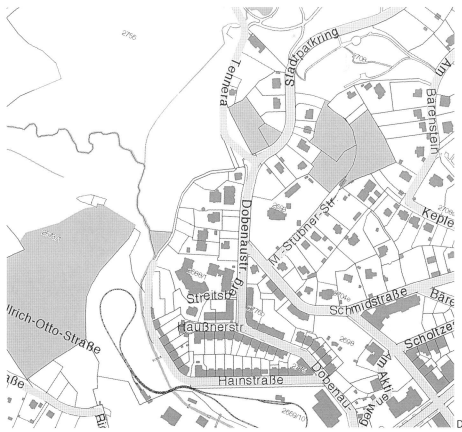

47 Syratal

Augenfällig ist die hell besonnte Syratalbrücke (1873), die das tief eingeschnittene Tal an seiner engsten Stelle quert; über sie verläuft die Bahnlinie Plauen – Eger.

N: Waldgebiet Mittelhöhe, Syrau, darunter Kauschwitz, östlich davon Flugplatz mit Halle (hell besonnt), Ortsteil Schöpsdrehe und abzweigende, baumbestandene Elsterberger Landstraße, südlich davon „Tannenhof", Stadtwald.

O: Wartburgplatzviertel, Neues Forsthaus, darunter Kuntze-Park mit Spielwiese, Steilhang zum erweiterten Bahngelände, Strecke Plauen – Eger, Überführung der Kauschwitzer Straße; Stadtpark mit großem Teich, gegenüber ehemaliges Tennera-Asyl (1945 zerstört), Gaststätte „Tennera" (teilweise von Bäumen verdeckt), südlich davon Dobenaufelsen und -gut. Streitsberg mit Jugendstil-Häusern (1904), durch Steinbruchbetrieb entstandener Steilhang zur Syra, davor hintere Hainstraße.

S: Poppenmühle (hell besonnt) mit von Bäumen verdecktem Gondelteich, daran vorbeiführend Fußweg durch das Syratal zur Holzmühle; Kleingartenanlage „Poppenmühle", Stickereifabrik O. Klärner & Steinberg (angeschnitten), Bahnüberführung, Kreuzung Neundorfer-/König-Georg-Straße (Liebknechtstraße) und die noch unbebaute Raabstraße.

W: Ecke Raab- und Rankestraße Villa M. Heckel (hell besonnt), nördlich davon Birkenhübel (Höhe 419,5), im Hintergrund nordöstlicher Ortsausgang von Zwoschwitz.

Bm: über der Syratalbrücke Tenneraberg (Höhe 436,6) mit ehemaligem „ATP"-Sportplatz (Kurf-Mittag-Sportplatz) und Gaststätte „Turnerheim" (1927) (hell besonnt), darüber Holzmühle.

L./W.

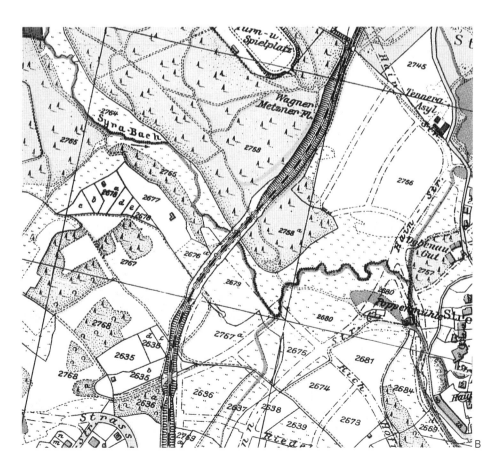

48 Elsterbogen, Kaserne, Westend, Neundorf

Die aus mittlerer Höhe entstandene Schrägaufnahme umfaßt weiträumig das Gebiet vom Elsterbogen bei der Leuchtsmühle (nicht im Bild), über das Kasernenviertel, Oberneundorf bis Zwoschwitz.

N: Oberneundorf, Zwoschwitz, Syratal.

O: Kuntze-Höhe (420,8), Neundorfer-, König-Georg- (Liebknechtstraße), Eisenbahnlinie Plauen – Eger mit Westbahnhof, die baumbestandene Straßberger Straße.

S: „Vomag"-Werk II im Elsterbogen, vormals Kunstseidenfabrik, ab 1936 stand hier die Sächsische Zellwolle A.-G. (seit 1991 abgerissen).

W: Elster, Straßberger-, Alte Straßberger Straße, Siedlung Neundorf mit „Glückauf", Schurigstraße, Straße „An der Mauer", darüber Rittergut Neundorf.

Bm: ehemalige König-Georg-Kaserne (1903; von 1920-34 Polizeidienstgebäude, jetzt Behördenzentrum), Kasernen-, Roon- (L.-F.-Schönherr-Straße) mit dazwischen liegenden Industriebetrieben, Neundorfer Straße, Eisenbahnlinie Plauen – Eger, Straßberger-, Alte Straßberger Straße mit abgehender Lindemannstraße oberhalb der Bahnbrücke, Siedlung Neundorf, Wagnerstraße

W.

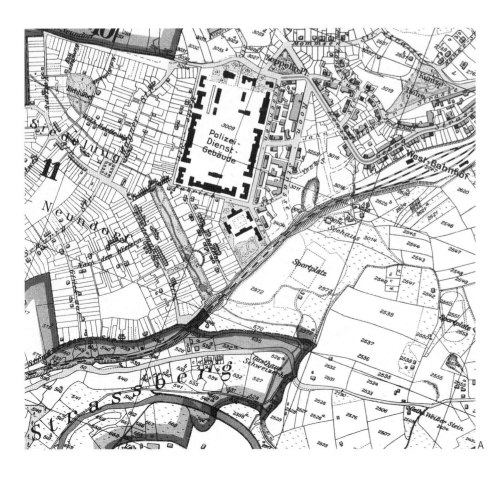
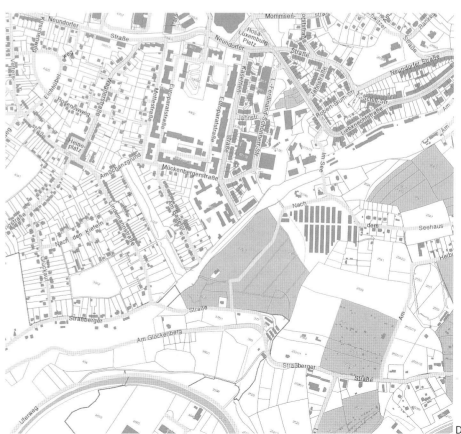

49 Westendviertel, Kaserne, Siedlung Neundorf (1)

Bildbeherrschend ist die 1903 fertiggestellte ehemalige König-Georg-Kaserne, die noch im gleichen Jahr vom Kgl. Sächs. Inf.-Reg. 134 bezogen wurde. Von 1920-34 war sie Polizeidienstgebäude, ehe sie bis 1990 wieder als Kaserne diente; jetzt Behördenzentrum.

N: Gneisenau- (Schmincke-), Scharnhorst-, Mommsen-, Jahn-, König-Georg- (Liebknechtstraße), darunter Roon- (L.-F.-Schönherr-Straße) mit Gebäuden der Industriewerke A.-G. Plauen.

O: Vogtl. Tüllfabrik A.-G. zwischen Roon- und Kasernenstraße, ehemalige König-Georg-Kaserne, Mettestraße.

S: Wagnerstraße, Eichhübelweg, Neundorfer Straße.

W: diagonal verlaufende Neundorfer Straße, darüber Gelände der späteren Hindenburg-Kaserne (1937).

Bm: auf dem Gelände zwischen Mommsen-, Neundorfer und Werder- (Ricarda-Huch-Straße) steht heute das Möbelhaus „biller", Zeppelin- (Rosa-Luxemburg-Platz), darunter Gebäude der ehemaligen König-Georg-Kaserne mit zwei Rundtürmen im Eingangsbereich, an Mettestraße grenzend; Wagner-, Neundorfer-, Werder- (Ricarda-Huch-Straße), Parsevalstraße mit Gebäude der Industriewerke A.-G. Plauen.

L./W.

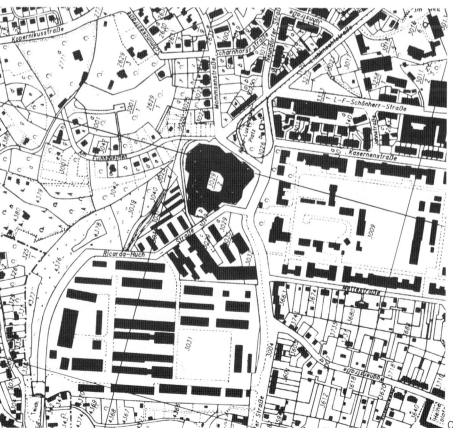

50 Westendviertel, Kaserne, Siedlung Neundorf (2)

Im Zentrum der Aufnahme sehen wir den Südteil der ehemaligen König-Georg-Kaserne, den Industriebereich zwischen Roon- (L.-F.-Schönherr-) und Kasernenstraße sowie das Westendviertel mit Westbahnhof im Hintergrund.

N: Gneisenau- (Schmincke-), Scharnhorst- und Mommsenstraße, unterhalb der Kuntze-Höhe Neundorfer Straße, in ihrem Bogen Bülow- und Ferdinand-Schill-Straße, beide in König-Georg- (Liebknechtstraße) mündend, Westbahnhof, Zug mit Dampffahne vom Oberen Bahnhof kommend.

O: eingezäunter Sportplatz (angeschnitten) des Arbeiter-Turn- und Sportvereins „Eiche" (Kurt-Helbig-Sportplatz), Eisenbahnlinie Plauen – Eger, rechts das ehemalige Lehmgrubengelände im Seehaus-Gebiet.

S: Häuser an der Lindemannstraße (nicht im Bild), darüber parallel verlaufender Unterneundorfer Bach (im unbebauten Gelände), darüber Straße „Am Badetor".

W: Am Schanzgrund, Mettestraße, ehemalige König-Georg-Kaserne, Neundorfer Straße, Zeppelin- (Rosa-Luxemburg-Platz).

Bm: Industriewerke A.-G. Plauen und Vogtländische Tüllfabrik A.-G. mit hohem Schornstein zwischen Roon- (L.-F.-Schönherr-) und Kasernenstraße, Jahnstraße, an der Kreuzung Fabrice- (Mückenberger-) und Kasernenstraße ehemaliges Militärkrankenhaus, dann Finanzamt Plauen-Land und Reichsbauamt (derzeit Asylbewerberwohnheim).

W.

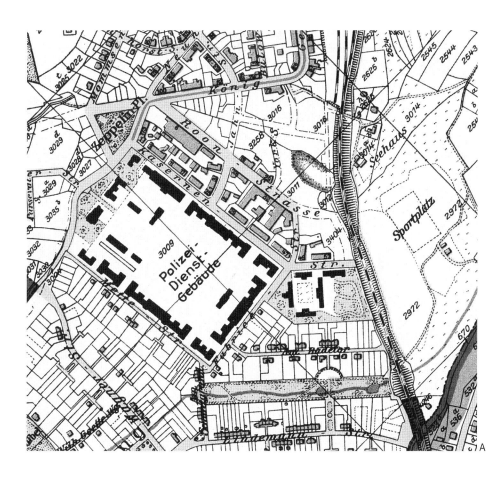
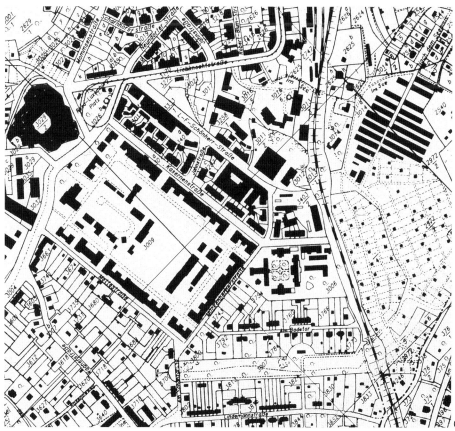

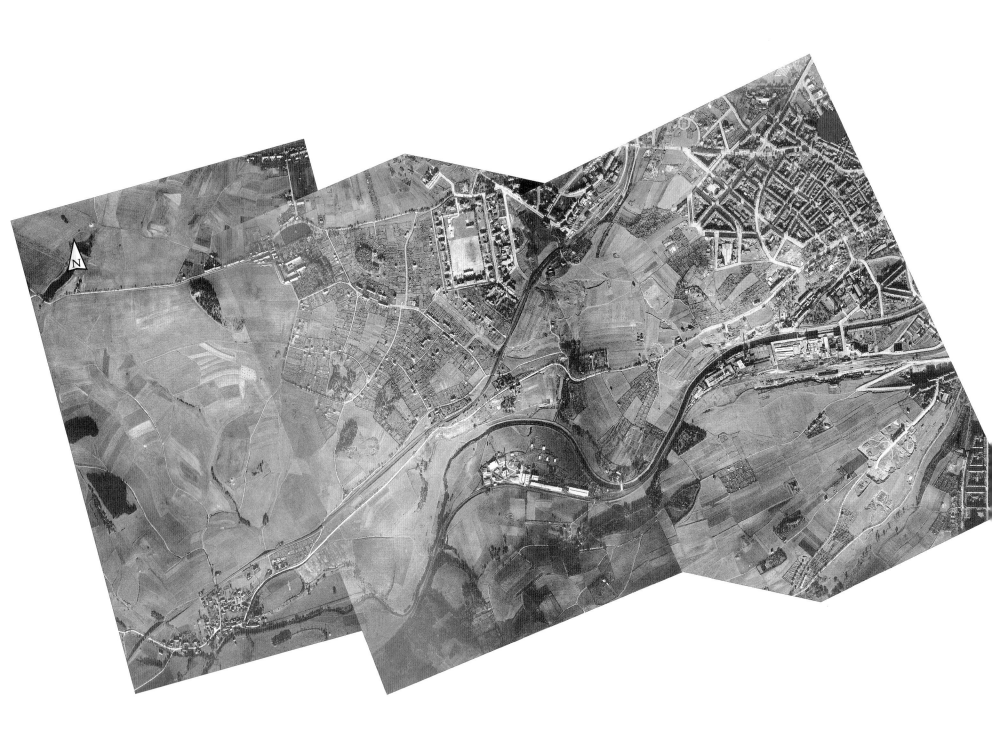

51 Westliche Bahnhofsvorstadt – Südvorstadt, von Neundorf – Straßberg

Die aus etwa 4.500 m gemachten Senkrechtfotos zeigen das Gebiet etwa auf einer Linie westliche Bahnhofsvorstadt – Südvorstadt im O und von Neundorf – Straßberg im W.

N: Kobitzschwalder Straße mit Eichelteich und kleinerem Stollenbrunnenteich (nordöstlich), Fahrweg nach Schneckengrün, nordwestlich abzweigend; nach Straßberg (S) führender Schafweg, Schäferei östlich des Eichelteiches an der Kobitzschwalder Straße, baumbestandenes Burgstättel mit Steinbruch am Ortseingang Neundorf, Rittergut Neundorf mit Teich und Park (Teiche im Park sind nicht zu sehen), im N Schulstraße und Oberneundorf, Siedlung Neundorf mit Vettersstraße, Eichhübelweg zum bewaldeten Eichhübel, Wagner- und Mettestraße südlich der Neundorfer Straße, ehemalige König-Georg-Kaserne (1903), nördlich Industriewerke A.-G. Plauen Ecke Parseval-/Werder- (Ricarda-Huch-Straße), Kasernen-, Roon- (L.-F.-Schönherr-), Neundorfer-, König-Georg- (Liebknechtstraße), nördlich Ferdinand-Schill-, Neundorfer Straße, darunter Bahnlinie Plauen – Eger mit Westbahnhof, runder Hermannplatz mit Weisestraße, südlich Einmündung Pestalozzi- in Neundorfer Straße, darunter hell besonntes Gebäude des Staatsgymnasiums an der Blücher- (Freiheitsstraße), östlich Kreuzung Neundorfer-, Blücher-, Breite- (Friedensstraße) am Dittrichplatz, Syratal mit Friedrich-August-Brücke (Friedensbrücke), darunter Dobenaustraße.

O: bogenförmige Konradstraße (Siegener Straße) zwischen Dittrichplatz und Straßberger Straße, links Sternplatz mit Sedan- (Alfred-Schlagk-), Blücher-, Moritzstraße; Gartenanlagen, südöstlich davon Diesterweg- und Dittesschule zwischen Moritz-, Dittes-, Comenius- und Diesterwegstraße, westlich davon weiträumig eingezäunter Sportplatz (Kurt-Helbig-Sportplatz), darunter Straßberger Straße, „Vomag"-Hauptwerk und weitere Betriebe flußabwärts zwischen Elster und Bahnlinie Weischlitz – Gera (mit Unterem Bahnhof) bis zur Dürerbrücke, nordöstlich Textilbetriebe an Dürerstraße und Straße „Am Mühlgraben", Trockental-, Ludwig-Richter-Straße, südlich der Elster Talbahn- und Wiesenstraße, unterhalb der Bahnlinie Güter-, Thiergartner Straße, Meßbacher Straße mit Sand- und Kiesgruben, Hofer Straße (B 173) (Hofer Landstraße), Milmesbach, Teil der Südvorstadt mit Gärten an der Hegelstraße.

S: Restaurant „Zur Linde" an Einmündung Meßbacher in Hofer Straße, nördlich Weg „Nach den drei Bergen" mit Kleingärten, parallel darüber Thiergartner Weg, beginnend an Einmündung Güter- in Thiergartner Straße; Leuchtsmühle und Elsterbrücke im Elsterbogen, links darunter Possiggut, Werk II der „Vomag" zwischen Bahnlinie und Elster, flußaufwärts quert der Weg von Straßberg zur Possig Bahnlinie und Elster, westlich davon Elsterdeich bis nach Straßberg, die Elster ist noch nicht begradigt, Straßberg, begrenzt von der Bahnlinie Plauen – Eger im N und der baumbestandenen Elster im S, dazwischen Straße „Am Glockenberg" (von Plauen kommend), südwestlich Straße nach Kürbitz führend, mehrbogige Eisenbahnbrücke über Rosenbach und Straße Kloschwitz – Straßberg.

W: in der Mitte der Kobitzschwalder Kirchsteig, der sich um zwei Waldstücke schlängelt und in der Nähe von Straßberg auf die Steingasse trifft, östlich der Schafweg, von der Steingasse abzweigend und am langgezogenen Eichelteich nahe der Schäferei an der Kobitzschwalder Straße endend.

Bm: am nördlichen Steilufer der Elster Straßberger Straße mit Gasthaus „Schweizerhof" am Glockenberg (S-förmiger Abschnitt), darüber Abzweig Alte Straßberger Straße, die Bahnlinie unterquerend und parallel dazu nach Straßberg verlaufend; hinter der Brücke nach N in die Siedlung Neundorf abzweigend und auf die Schurigstraße treffend: Lindemannstraße, „Glückauf", Zangler; bewaldeter Steinpöhl südlich des Rittergutparks, darunter baumbestandener Ginsterhübel, Heimstätten- (Heineplatz) an Kreuzung Vetters-, Wagner-, Lindemann- und Schurigstraße, Neundorfer- und Straßberger Grenzweg markieren die westlichen Bebauungsgrenzen, an deren Schnittpunkt endet, aus Straßberg kommend, die Steingasse.

W.

52 Syrau (1)

Die Bildmitte nimmt Syrau, 1282 erstmals belegt, mit Rittergut, seinem sich östlich anschließenden, großen Park mit „herrschaftlichem Landhaus" (von 1922-63 Plauener Säuglingsheim) ein; nördlich davon, zwischen B 282 und Bahnlinie, Kalksteinbruch mit der im März 1928 darunter entdeckten Tropfsteinhöhle (Drachenhöhle). Ortskern mit Kirche und daran vorbeiführender Frotschauer Straße.

N: Waldgebiet Mittelhöhe, dahinter Frotschau, Bahnlinie Plauen – Hof mit Bahnhof Syrau, Straße nach Fröbersgrün.

O: Syrauer Landstraße (B 282) mit Bäumen, im Vordergrund Straße Syrau – Kauschwitz.

S: Waldgebiet, von links in die Syra (1122 als „Siroune" erstmals genannt) einmündender Kemnitzbach; zum südlichen Ortsausbau hin Sportplatz. Randbereich des ehemaligen NVA-Übungsplatzes (jetzt unter Naturschutz stehendes Trocken-Heide-Biotop).

W: Waldgebiet, B 282 in Richtung Mehltheuer (angeschnitten).

L.

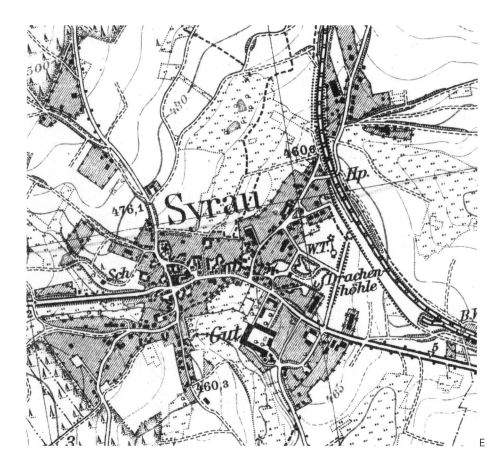

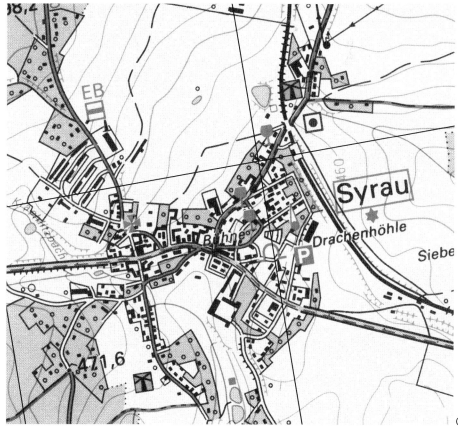

53 Syrau (2)

Erfaßt ist der gesamte, im Schnittpunkt mehrerer Straßen entstandene Ort, dominiert vom Rittergut und seinem bis zur Kauschwitzer Straße reichenden Park mit ehemaligem Plauener Säuglingsheim. Gegenüber, zwischen Straße und Bahnlinie, Kalksteinbruch mit Tropfsteinhöhle („Drachenhöhle").

N: Waldgebiet um Höhe 498,2, Landstraße Syrau – Frotschau, Fröbersgrüner Straße mit Bahnunterführung und Bahnhof.

O: Ortsflur zur Drachenburg mit Windmühle (nicht im Bild), B 282 Plauen – Schleiz, die Syrau und dann geradlinig das Waldgebiet „Mittelhöhe" durchquert und bei Höhe 538,8 (nicht im Bild) den höchsten Punkt erreicht; südliche Feldmark nach Kauschwitz zu („Birkicht"), westlich davon Landstraße Kauschwitz – Syrau.

S: Hangwald zur Syraniederung, Einmündung des Kemlitzbaches.

W: Waldgebiet mit Fahrstraße Leubnitz – Syrau, am südwestlichen Ortsrand Gartenanlagen.

L.

54 Kauschwitz

Die aus etwa 1.500 m entstandene Schrägaufnahme erfaßt den gesamten, 1263 erstmals genannten Ort, die von ihm ausgehenden Straßen und große Teile seiner Feldmark.

N: südwestlicher Ortsrand von Syrau (unter Wolkenschatten), Bahnlinie Plauen – Hof, darunter Syrauer Landstraße (B 282), die Häuser des Ortsteiles Schöpsdrehe mit Abzweig der Elsterberger Landstraße (B 92), davor Flugplatz mit Werkstattgebäude, Halle und Gaststätte (hell besonnt), unmittelbar westlich der nach Kauschwitz führenden Straße Friedhof (Rand des Wolkenschattens).

O: Feldflur und Plauener Straße.

S: Straßengabel nach Schneckengrün und Zwoschwitz, dazwischen aufgelassenes Ziegeleigelände mit Teich (heute Sportplatz).

W: Landstraße nach Syrau, südlich davon Bachaue der Syra (von niedrigen Bäumen gesäumt), Feldflur östlich des Dürrgutes (nicht im Bild).

Bm: der Ortskern liegt nördlich des ehemaligen Rittergutes (jetzt Pflegeheim für Geistigbehinderte), aus seinem Park ragt die auf einer frühdeutschen Wehranlage mit Wassergraben um 1765 errichtete Turmkapelle hervor (Teich verdeckt).

L.

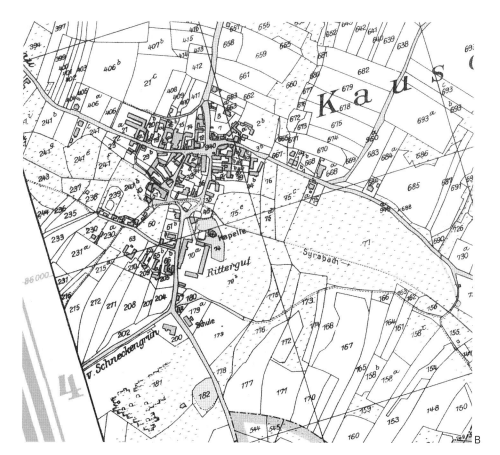

55 Flugplatz Plauen

Zwischen Syrauer Landstraße (B 92) und der südwestlich nach Kauschwitz führenden Straße (östlich im Acker Mieten) lag der 1925 eingeweihte Verkehrsflugplatz mit zweiflügeligem Werftgebäude (1918). Die aus etwa 600 m gemachte Aufnahme zeigt auch den ehemaligen vom Bahnhof Syrau abgehenden, die B 282 querenden (nicht im Bild) Gleisanschluß (Schienen und Schwellen entfernt). Die 1926 fertiggestellte Flugzeughalle (hell besonnt) mit Verwaltungsgebäude (40 x 30, Höhe 10 m) bot Raum für etwa 10 Verkehrs- oder 30 Sportmaschinen (davor einmotoriges Sportflugzeug); im Schatten Flughafengaststätte (1927).

N: Ortsteil Schöpsdrehe mit Abzweig (begrünte Verkehrsinsel) Elsterberger- (B 92) – Syrauer Landstraße (B 282).

O: Feldflur (seit Mitte der 90er Jahre vom „Plauen Park" überbaut).

L.

56 „Tannenhof" mit Radrennbahn

Die Aufnahme wird vom Betonoval der ehemaligen Plauener Radrennbahn beherrscht.

N: „Kneiselspöhl" (Steinbruch mit unter Schutz stehendem Säulendiabas), darunter Syrauer- bzw. Pausaer Straße (B 92) mit der einstigen Ausflugsgaststätte „Tannenhof", die auf ein zu Kauschwitz gehörendes Schäfereivorwerk (1839) zurückgeht, daran anschließend Landmaschinenhandlung und Reparaturwerkstatt A. Holzmüller. Gegenüber zweigt die Straße nach Oberjößnitz ab, linksseitig der jüdische Friedhof (seit 1898).

O: im erst in den frühen 40er Jahren geschlagenen Teil des Stadtwaldes sind die Anlagen der Düngerabfuhr A.-G. mit Zuweg zur Pausaer Straße zu erkennen.

Das Gelände nimmt heute das Druckmaschinenwerk MAN-PLAMAG, zuvor (teilweise) Dr. Th. Horn, Luftfahrtgerätewerk Plauen GmbH, ein.

Bm: Oval der 1903 erbauten Betonradrennbahn (um 1930 außer Betrieb) mit Schriftwerbung „CONTINENTAL – PNEUMATIK" und Fußballfeld im Inneren. Gegenüber Düngersammelstelle, südlich der B 92 Kleingartenanlage, später Gärtnerei A. Forster.

S: vom „Tannenhof" zu den „Drei Eichen" (nicht im Bild) führender Bürschelweg, den linksseitig Telegrafenmasten begleiten; überpflügte, alte Wegespuren.

W: Kauschwitzer Feldmark, nördlich, zur B 92 hin, z. T. vom „Plauen Park" überbaut.

L.

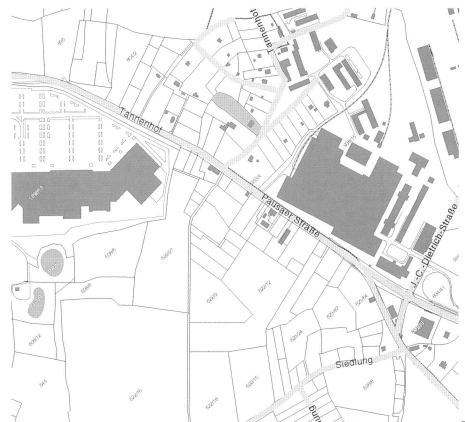

57 Kauschwitz, ehemaliger Flugplatz, Radrennbahn am „Tannenhof"

Die Höhenaufnahme wird von der Straße Plauen – Syrau (B 92/282) beherrscht. An ihr liegt das Betonoval der ehemaligen Radrennbahn am „Tannenhof" und im Zwickel der von Kauschwitz kommenden Landstraße der ehemalige Flugplatz mit zweiflügeligem Werftgebäude und Flugzeughalle, gegenüber der zu Kauschwitz gehörende Ortsteil Schöpsdrehe mit abzweigender Elsterberger Landstraße (B 92).

N: Landstraße Kauschwitz – Jößnitz mit ehemaligem Bahnübergang und Schrankenwärterhaus, „Kneiselspöhl" mit Diabassteinbruch (heute unter Naturschutz), „Tannenhof" mit östlich am Jüdischen Friedhof vorbeiführender Straße nach Oberjößnitz. Noch bis zur Straße reichender Stadtwald mit rhombusförmiger Lichtung, darin Düngerabfuhr A.-G., auf dem sich östlich anschließenden Gelände heute MAN Druckmaschinen Werk Plamag, gegenüber Garten- und Gärtnereianlagen.

O: Verlauf der alten, baumbestandenen Pausaer Straße zum „Echo" hin. Landstraße Plauen – Kauschwitz mit nördlich vom „Tannenhof" her kommenden Verbindungsweg (Bürschelweg), in der Wegegabel zur heutigen Siedlung hin (1928 erst parzelliert) markante Baumgruppe (Naturdenkmal).

S: nördlicher Teil von Kauschwitz mit Gutspark und Kapelle (angeschnitten), unmittelbar westlich der Straße nach Jößnitz Friedhof, Flugplatzgelände, Feldmark nach Syrau.

W: Bahnhof Syrau, davon abgehend die B 282 querendes Gleis zum ehemaligen Flugplatz, darüber (angeschnitten) Wohnplatz Siebenlind.

Bm: zwischen Landstraße Kauschwitz – Syrau und Bürschelweg Quellmulde des in die Syra mündenden Hagenbaches.

L.

58 Holzmühle

In der unteren Bildhälfte liegt die zu Kauschwitz gehörende Holzmühle (1419 erstmals erwähnt) mit dem über einen Graben von der Syra gespeisten ehemaligen Mühlteich. Darüber schließt sich die 1876 erbaute Hilpert'sche Brauerei an, die 1888 die Holzmühle übernahm und zu der wohl beliebtesten Ausflugsgaststätte in der Umgebung Plauens mit einem großen Biergarten, zwei Tanzsälen – im kleineren spielte das Bonesky'sche Marionettentheater – mehreren Gesellschaftsräumen sowie einem ansehnlichen Tierpark ausbaute.

Von 1943-45 befand sich in der Holzmühle ein Lager mit vorwiegend Tbc-kranken, meist ukrainischen Zwangsarbeitern. Fehlwürfe des US-Luftangriffes vom 19. März 1945 töteten viele der unter erbärmlichsten Umständen lebenden Insassen. Eine Gedenkstätte der 678 dort Verstorbenen oder Getöteten befindet sich auf dem Kauschwitzer Friedhof. Bis 1980 wurden die meisten der z. T. schwer beschädigten Gebäude und die Gaststätte abgerissen.

Östlich der Holzmühle führt die Straße steil hinauf zur Kauschwitzer Straße und quert diese in Richtung Stadtwald (Neues Forsthaus; nicht im Bild). Westlich der Straße sind vier miteinander verbundene Teiche zu erkennen (von der Brauerei besonders zur Eisgewinnung genutzt). Am oberen Bildrand ist die ehemalige Tennisanlage „Schwarz-Rot" („Am Fuchsloch") auszumachen. Südlich der Kauschwitzer Straße liegt der V-förmig bewaldete „Milchhübel", dessen Name auf einen um 1910 dort betriebenen Milchausschank zurückgeht. Den östlichen Bildrand nimmt der Stadtwald ein, der nach S mit Diabasfelsen steilhangartig zur Syra abfällt.

S: Straße nach Zwoschwitz.

W: der noch unverbaute, stark mäandernde Syrabach, davor Feld mit Futterrüben.

L.

59 Jößnitz (1)

Hauptsächlich abgebildet ist die noch von Feldern, Grün- und Gartenland bestimmte südliche Ortsflur von Jößnitz, das 1244 erstmals genannt wird. Das seit Mitte der 30er Jahre großflächig erschlossene und bebaute Gebiet gehört zu den besten Wohnlagen in der näheren Umgebung Plauens.

N: südlicher Dorfteil (angeschnitten), Schloß mit Dachreiter auf Felssporn, dahinter Rittergut, östlich davon Straße am Hetschberg.

O: Goethestraße als westliche Bebauungsgrenze.

S: Feldflur mit alten Wegeverläufen.

W: von Oberjößnitz kommender Sattelbach, der unterhalb des Schlosses in den Kaltenbach mündet, Abzweig der Fahrstraßen nach Oberjößnitz/„Tannenhof" und Kauschwitz.

obere Bm: Bahnhofstraße mit großen, um 1910 erbauten, villenartigen Wohnhäusern (besonnt), unterhalb des Schlosses Teich in parkartiger Anlage.

L.

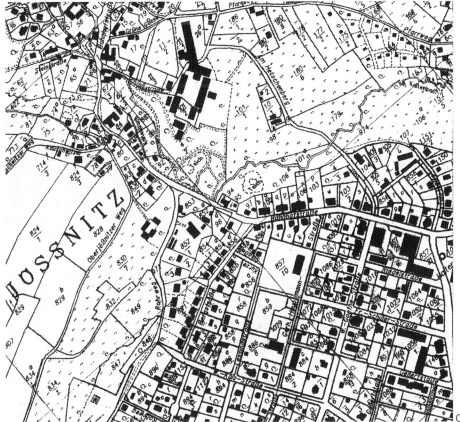

60 Jößnitz (2)

Die Aufnahme zeigt den bahnhofsnahen Bereich, weit außerhalb des alten Ortskernes, dominiert von der Bahnlinie Plauen – Reichenbach, die von der Straßenbrücke (hell besonnt) überspannt wird; links vor ihr befindet sich der Bahnhof. Auf der links zum Dorf hinführenden Straße (Bahnhofstraße) sind das Bahnhofshotel mit Turm und großem Saalbau zu erkennen. Östlich der Bahn standen nur das Café Badstübner mit Terrasse an der Reißiger Straße, die ehemalige Gärtnerei Elßner und vier Villen (eine mit Tennisplatz) an der heutigen Albin-Schlehahn-Straße; gegenüber befand sich eine neuangelegte Obstplantage. Die westlich der Bahnlinie verlaufende Plauensche Straße ist bis auf ein Gebäude Ecke Friedrich-Schiller-Straße noch unbebaut. Das seit den 30er Jahren hangwärts, vorwiegend mit Villen und Einfamilienhäusern bestandene Gebiet wird noch von Gärten und Ackerflächen eingenommen.

N: Kaltenbach.

O: Stadtwald zur Pfaffenmühle hin, davor Jößnitzbach, Landstraße nach Reißig.

S: Zeppelin- (Wilhelm-Külz-Straße) mit Tennisplatz (angeschnitten).

W: Gartenanlagen mit einzelnen Gebäuden.

L.

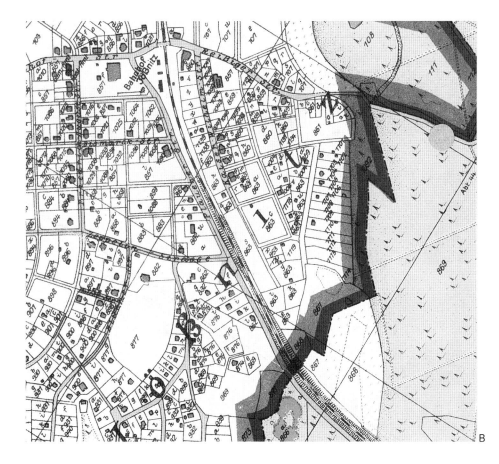

61 Gebiet zwischen Jößnitz und Waldgrün

Die aus etwa 4.500 m entstandenen zwei Höhenaufnahmen zeigen Jößnitz mit Kirche, Rittergut und Schloß, die um den Bahnhof und südwestlich davon entstandene Ortserweiterung sowie das Gebiet zwischen der Bahnlinie Plauen – Syrau, Oberjößnitz und Jößnitz.

N: stark mäandernder, baumbestandener Kaltenbach, Straße Jößnitz – Steinsdorf, rechts Warthübel (Höhe 453,9), Straße nach Röttis/Barthmühle.

O: Hornhübel und Eichberg (Höhe 412,0), Bahnlinie Plauen – Reichenbach mit Brücke (im Schatten) über Kaltenbach und Pfarrweg/Fahrstraße nach Röttis/Pfaffenmühle (angeschnitten), Stadtwald.

S: Straße Jößnitz – Reißig/Plauen, im Grund Jößnitzbach, Bahnlinie, begleitet von Straße nach Haselbrunn/Plauen, Stadtwald, Bahnstrecke Plauen – Hof, daneben „Essigsteig", Quellmulde des Sattelbaches.

W: Ortsteil Waldgrün mit ehemaligem Bahnübergang der Fahrstraße „Tannenhof" (B 92) – Oberjößnitz – Jößnitz, Straße Kauschwitz – Jößnitz (angeschnitten), Waldgebiet um Höhe 423,7, Kaltenbach.

Bm: überwiegend von Feldern, Wiesen und kleinen Waldstücken eingenommene Ortsflur zwischen Bahnstrecke im SW und Jößnitz, der unterhalb des Schlosses in den Kaltenbach mündende Sattelbach mit zwei Teichen, südlich davon großräumig parzellierte Bebauungsflächen, Steinbruchsgelände (Höhe 428,0) mit ehemaligem Hochbehälter (1925; 1945 beschädigt, 1954 abgerissen).

L.

62 Reißig (1)

Die aus etwa 1.000 m Höhe gemachte Aufnahme zeigt den gesamten, erstmals 1474 erwähnten und 1939 zu Plauen gekommenen Ort.

N: Elsterberger Landstraße mit Ausflugsgaststätte „Heiterer Blick". Jößnitz mit östlich abzweigender Straße nach Röttis.

O: Stadtwald, davor Thößehäuser mit Fahrstraße Reißig – Pfaffengut, südlich davon Teich mit beginnendem unteren Rosengraben. Abdeckerei und Fahrweg zur Chrieschwitzer Straße (Preißelpöhl). Kleingartenanlage „Am Oelweg", baumbestandene Straße Heidenreich – Chrieschwitz (angeschnitten), Straße Plauen – Reißig.

W: Waldgebiet des Eichberges, davor Vorwerk Heidenreich (Wolkenschatten).

Bm: Von der alten Straße Plauen – Reißig/Jößnitz (Reußenländer Straße) zweigt spitzwinklig die noch nicht durchgängig ausgebaute Siedlerstraße (Jocketaer Straße) mit einigen städtisch wirkenden Gebäuden („Café Reißig") ab (heute Hauptzufahrt zum nach 1991 entstandenen Gewerbegebiet), südlich davon die baumbestandene Rosengrabenstraße, nördlich von ihr Steinbruch; südlich der noch nicht regulierte, stark mäandernde Pietzschebach. Das hangwärtige Gebiet nehmen, fast bis zum Gasthof Reißig (teilweise von Bäumen verdeckt), Kleingärten ein.

obere Bm: Reißig mit Schmiede und Gut, östlich die ehemalige Uhrenfabrik (hell besonnt), später Textildruckerei, danach Schweinemästerei; dahinter Stadtwald, darüber in weitem Bogen Bahnlinie Plauen – Reichenbach; am südlichen Ortsausgang von Jößnitz nach Plauen dampfender Zug.

L.

63 Reißig (2)

In Bildmitte schlängelt sich der von vereinzelten Erlen gesäumte Pietzschebach in seinem ursprünglichen Bett durch die feuchte Niederung, die von zahlreichen Drainagen entwässert wird.

N: Abdeckerei mit rauchendem Schornstein.

O: Kleingartenanlage „Am Oelweg", hangseitige Feldflur im Bereich der heutigen Wohnanlage „Am stillen Grund".

S: Straßengabel, unten die zur ehemaligen Abdeckerei führende, baumbestandene Rosengrabenstraße mit unmittelbar westlich gelegenem Diabassteinbruch, Jocketaer Straße (ehemalige Siedlerstraße) sowie Straße Plauen – Reißig/Jößnitz (Reußenländer Straße), deren Verlauf hohe Laubbäume perlenartig markieren.

W: Kleingartenanlage und „Café Reißig" (besonnt).

L.

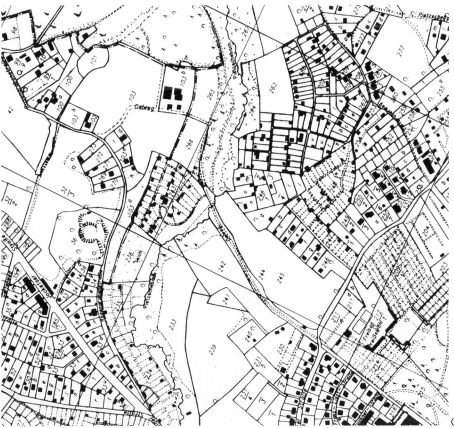

64 Gebiet zwischen Röttis (Bahnlinie Plauen – Reichenbach) und Pöhl

Aus einer Höhe von etwa 4.500 m ist das Gebiet zwischen Pöhl im NO und der Pfaffenmühle im SW zu erkennen. Das 1288 erstmals genannte Platzdorf Pöhl befand sich in Spornlage, zwischen Bellwitz- und Aubach, über dem Triebtal. Im westlichen Teil ist das Schloß mit einem kleinen Park und wenig unterhalb, nahe der Dorfstraße, die Kirche mit Friedhof auszumachen. Im Zuge der zwischen 1958 und 64 angelegten Talsperre wurde der gesamte Ort abgerissen, die 1961 durch Brandstiftung zerstörte Kirche in Jocketa wieder aufgebaut und auch der Friedhof dorthin verlegt.

N: Straße Röttis – Barthmühle, Elstertalbrücke (angeschnitten), am Waldrand ehemalige Ausflugsgaststätte „Friedrich-August-Stein" (hell besonnt); Eisenbahnbrücke über einmündende Trieb, darüber Waldgebiet Eisenberg (Höhe 435,0), im Zentrum der Wegspinne „Charlotten"- (Julius-Mosen-Turm), unteres Triebtal mit Pyramidenwiese (angeschnitten), ehemaliger Fahrweg rechts der Trieb zur Eisengießerei in Pöhl, Feldmark zwischen Pöhl und Altjocketa, Straßengabel Pöhl – Altjocketa/Neudörfel, ehemalige Kalkwerkshäuser (angeschnitten).

O: alte Straße nach Helmsgrün, von dort kommender, baumbestandener Bellwitzbach, die Trieb in ihrem weitgehend natürlichen Bett aus Richtung Gansmühle (nicht im Bild).

S: Seeteiche, Straße Möschwitz – Pöhl, die in weitem Bogen talwärts verläuft (z. T. hell besonnt), darüber Königshübel (Höhe 402,4), alte Straßenführung durch das Gunzenbachtal, nördlich davon Turnhalle Möschwitz, darüber Gunzenberg (Höhe 398,6), Flurstück „Scheibe", Eisenbahnbrücke über die Elster, westlich davon Ausflugsgaststätte „Lochbauer", steil zur Elster abfallender Westhang (Sporn) des Königshügels (Höhe 402,4), von der Bahnlinie Plauen – Gera untertunnelt; Elsteruferweg, Stadtwald, Fahrweg zum Pfaffengut. Straßengabel „Lochbauer" – Reißig – Pfaffenmühle.

W: Kaltenbach mit Teich, Pfaffenmühle, Nymphental zur Elster hin abgehend, Straße Jößnitz – Röttis, Bahnlinie Plauen – Reichenbach, westlich davon Eichberg (Höhe 412,0), Hornhübel, Fahrstraße Röttis – Jößnitz. Der aus mehreren, gestreut liegenden Gehöften bestehende Ort, 1244 erstmals erwähnt, erstreckt sich westlich der Bahnlinie, während das ehemalige Rittergut östlich davon liegt. Von hier verläuft ein kleines, dicht bewaldetes Tälchen („Burgstädtelbächel") steil zur Elster.

L.

65 Chrieschwitz (1)

Chrieschwitz, fast gänzlich im Bild erfaßt, wurde 1122 in der Gründungsurkunde der Plauener Johanniskirche erstmals erwähnt und 1900 nach Plauen eingemeindet.

N: Elster mit Friesenbrücke und Chrieschwitzer Straße in Richtung Preißelpöhl (Heidenreich). Fahrweg, vorbei am ehemaligen Sportplatz, zur Ziegelei Schindler & Co. am Hang zwischen Elster und Pietzschebach (nicht im Bild). Einmündung des regulierten Friesenbaches in die Elster, südlich davon Weberei R. Lange (später Betriebsteil des VEB-Stahlbau Plauen), Straße nach Möschwitz (hell besonnt), unmittelbar östlich Steinbruch am Ziegenberg.

O: Feldmark westlich des Sommerberges (Höhe 381,7), Steilabfall zum Friesenbach, am südlichen Ortsausgang alte Straßenführung zur Reichenbacher Straße überbrückt von ehemaliger Bahnlinie Plauen/Chrieschwitz – Falkenstein.

S: Ortsflur mit Gärten, rechts Acker mit aufgesetzten Misthaufen, Dorfstraße (Möschwitzer Straße), Schule.

W: Elsterniederung, Bahnlinie (im Schatten).

Bm: Rittergut mit Herrenhaus, links daneben „Mars" Chemische Zündwarenfabrik Roth & Goldmann (zuvor Brauerei) (hell besonnt).

L.

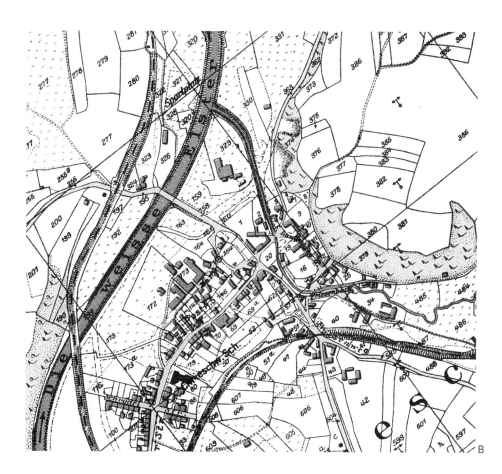

66 Chrieschwitz (2)

Aus etwa 1.500 m Flughöhe ist vor allem der westliche und mittlere Teil von Chrieschwitz, das Preißelpöhlviertel, darüber Heidenreich mit seinen Ziegeleien, das nördliche Haselbrunn und Althaselbrunn zu erkennen.

N: Waldgebiet Mittelhöhe, davor Syrau, südlich davon Flugplatz mit Hangar (besonnt), Schöpsdrehe, Elsterberger Landstraße (B 92), Steinsdorf, davor Jößnitz.

O: Waldgebiet Rosengräben, am westlichen Rand Thößehäuser, darunter Abdeckerei mit Schornstein. Steilanstieg der Straße zum Preißelpöhl (Heidenreich), etwa Ortsmitte Chrieschwitz mit Rittergut und Zündholzfabrik.

S: Feldmark um Höhe 371,7, zum Wartberg hin Sportplatz, Bahnlinie Gera – Weischlitz mit in Bahnhof Chrieschwitz (nicht im Bild) einfahrendem Personenzug, Abzweig der 1923 eröffneten und 1972 endgültig stillgelegten Strecke Plauen/Chrieschwitz – Falkenstein; nördlich der Elster hintere Hammerstraße mit ehemaliger Papierfabrik A. Geipel (später Flockenbast A. G., jetzt Schneider Textilveredelung GmbH).

W: Kleingartenanlage „Nußberg", östlich davon Friedhof II, die 1928 erbaute Oberrealschule (heute Lessing-Gymnasium), Friedhof I (angeschnitten), Schornstein von „Zucker-Süppel", Karolastraße, Schlachthof, Bahnlinie Plauen – Reichenbach, Ziegelei Roßbach III, nördliches Haselbrunn, Industriebetriebe an der Hans-Sachs-Straße, Konsum-Bäckerei vor Stadtwald.

Bm: Elsterbogen mit Hammerbrücke, hangseitiger Birkenwald (im Winter 1946/47 abgeholzt), darüber noch unbebaute Straße „Am Preißelpöhl", Preißelpöhl (Höhe 414,9) mit hell besonntem Schwimmbad („Natnat"). Im Hintergrund Reißig mit ehemaliger Uhrenfabrik (besonnt), Stadtwald zur Pfaffenmühle hin.

L.

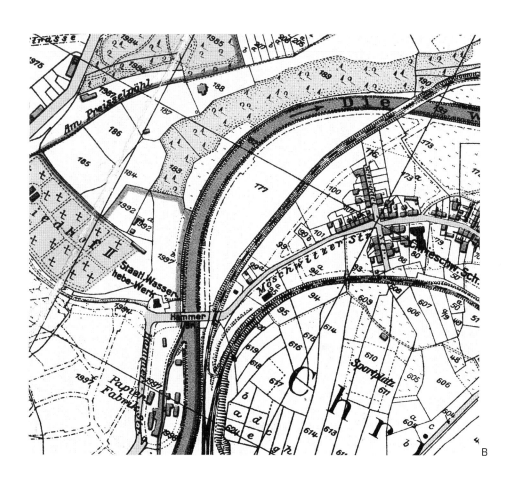
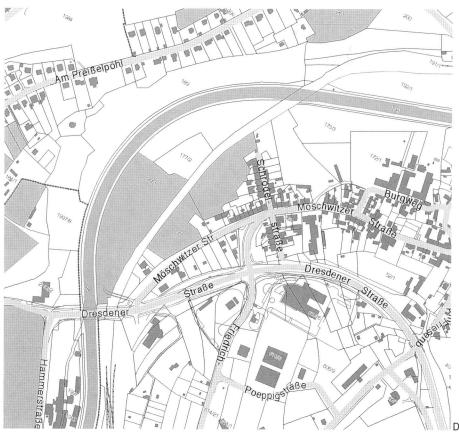

67 Chrieschwitz, nördliche Hammervorstadt und Preißelpöhl

Die Höhenaufnahme zeigt in der nördlichen, oberen Bildhälfte den gesamten Ortsteil Chrieschwitz. In zwei weiten Bogen zieht sich die Elster, begleitet von der „unteren Bahn" (Linie Weischlitz – Gera), durchs Bild. Hellbesonnt ist die hintere Hammerstraße, zwischen ihr und Elster ist das „neue Gaswerk" und weiter nördlich die Hammerbrücke zu erkennen. Von Chrieschwitz gehen gut sichtbar im N die Straße nach Möschwitz, rechts davon der oval erscheinende Sommerberg (Höhe 371,7), nach O die schmale, baumbestandene Fahrstraße zur Äußeren Reichenbacher Straße und nach W die Friesenbrücke und Bahnlinie querende, steil zum Preißelpöhl ansteigende Straße ab. Deutlich sichtbar ist die ehemalige Bahnstrecke Plauen/Chrieschwitz – Falkenstein, die in einem Bogen, vorbei an Chrieschwitz und über dem Hochufer zum Friesenbach, nach Kleinfriesen führte.

O: die fast genau W – O verlaufende, mit hohen Bäumen bestandene, von Feldscheunen flankierte Äußere Reichenbacher Straße (angeschnitten) mit ehemaliger Festhalle (1925).

S: Liebigstraße, in deren Verlängerung „Streichhölzerbrücke", nördlich davon Werkbahnbrücke über die Elster, links, zur Hammerstraße hin, Elektrizitätswerk, rechts Gaswerk mit seinen zwei großen Behältern mit Aufschrift PLAUEN (Orientierungshilfe für Flugzeuge), untere Lessing-, Heubner-/Wieprechtstraße (angeschnitten), nördlich davon ehemalige Ziegelei G. Richter mit aufgelassenem Lehmgrubengelände. Reißiger Straße (angeschnitten) mit früherem „Turnclub"-Platz, Kleingartenanlagen „Rose" und „Nußberg", Fahrweg zur Hammerbrücke (später untere Chamissostraße), nördlich davon Friedhof II mit Kapelle, Preißelpöhl (Höhe 414,9), im Wald Freibad („Natnat"); Schumann-, Gluck- und Beethovenstraße (angeschnitten).

Bm: Wartberg (Höhe 371,7), darunter Verbindungsweg Chrieschwitz – untere Reichenbacher-/Liebigstraße, östlich davon zwei Diabaskuppen.

L.

68 Möschwitz

Möschwitz, erstmals 1266 genannt, weist besonders im westlichen Randbereich mehrere große Gehöfte, darunter das Loh-Gut auf. Um den in der Ortsmitte gelegenen Dorfteich, mit sich tummelnden Enten und Gänsen, gruppieren sich die meisten Gebäude. Auf mehreren Grundstücken hängt „große Wäsche" zum Trocknen oder liegt zum Bleichen. Nach O begrenzt die alte Poststraße Plauen – Reichenbach – Leipzig (über Pöhl) den Ort. Etwa in der Dorfmitte, am Gasthof, zweigt östlich die mit Birken bestandene Landstraße nach Voigtsgrün ab.

N: Waldgebiet „Hechelleiten"; die alte Poststraße biegt in weitem Bogen westlich aus, ehe sie steil abfallend den Gunzenbach quert. Die neue, über einen Erddamm geführte, heute erheblich verbreiterte Straße wurde 1935 vom Arbeitsdienst gebaut; Turnhalle Möschwitz (hell besonnt; angeschnitten).

O: Ortsflur „Bergfelder", Landstraße nach Voigtsgrün.

S: Wegegabel, rechts Straße nach Chrieschwitz, links Fahrweg zum Bahnübergang in die Elsterwiesen (etwa gegenüber Kläranlage).

W: Feldmark „Scheibe" (Höhe 360,2) mit Steilhang zum Elstertal.

L.

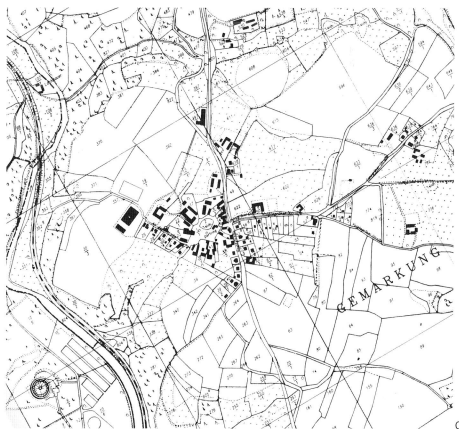

69 Voigtsgrün

Voigtsgrün, erstmals 1301 erwähnt, gruppiert sich mit seinen meist stattlichen Gehöften um die drei nebeneinander liegenden Dorfteiche; am Rande des östlichen lagert Federvieh. Eine jüngere, südliche Ortserweiterung ist zwischen den zur B 173 über Waldfrieden nach Plauen sowie Neuensalz führenden Straßen (angeschnitten) zu erkennen.

N: Straße nach Gansgrün, Feldmark mit südöstlichem Abhang der „Kohlleite" (Höhe 448,0).

O: Ortsflur, Hang zur „Warte" (Höhe 486,5).

S: nach Plauen (unten) und Neuensalz (oben) führende Straßen.

W: westlich abbiegende Landstraße nach Möschwitz. Auf den langen Feldstreifen zwischen Dorf und Straße sind Futterrüben („Runkeln") angebaut.

L.

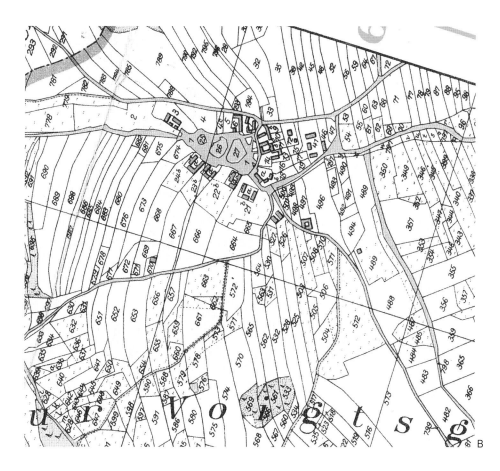
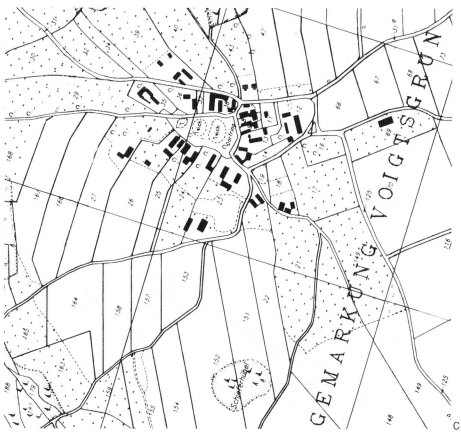

70 Großfriesen

Von S her ist der gesamte, 1267 erstmals urkundlich erwähnte und 1996 zu Plauen gekommene Ort zu sehen. Seine Bebauung erstreckt sich vorwiegend entlang der Falkensteiner Landstraße.

N: vom N ins Bild kommend, verläuft die Bahnlinie Plauen/Chrieschwitz – Falkenstein in östlicher Richtung nach Theuma.

O: Ortsflur, Bahnlinie Plauen/Chrieschwitz – Falkenstein nach Theuma zu, alte Plauener Straße, südlich davon Falkensteiner Landstraße, unterhalb der starken Krümmung inmitten der parkähnlichen Anlage Hofmann's Villa, später Hotel, Gaststätte, Drogerie und Arztpraxis.

S: oberhalb des Dreiseithofes schlängelt sich der Kaltebach, von O kommend talwärts und mündet in den Friesenbach (nicht im Bild); wo er den Weg „Zum Kalten Frosch" unterquert, befindet sich heute ein Badeteich.

W: unterhalb der Bebauung an der nach Plauen führenden Falkensteiner Landstraße entstand 1994 am Südhang die Wohnsiedlung „Am Eichenwald".

Bm: Schule an der Einmündung „Zum Kalten Frosch" in die Falkensteiner Landstraße.

W.

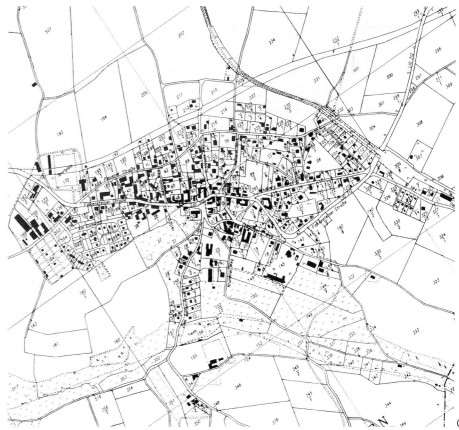

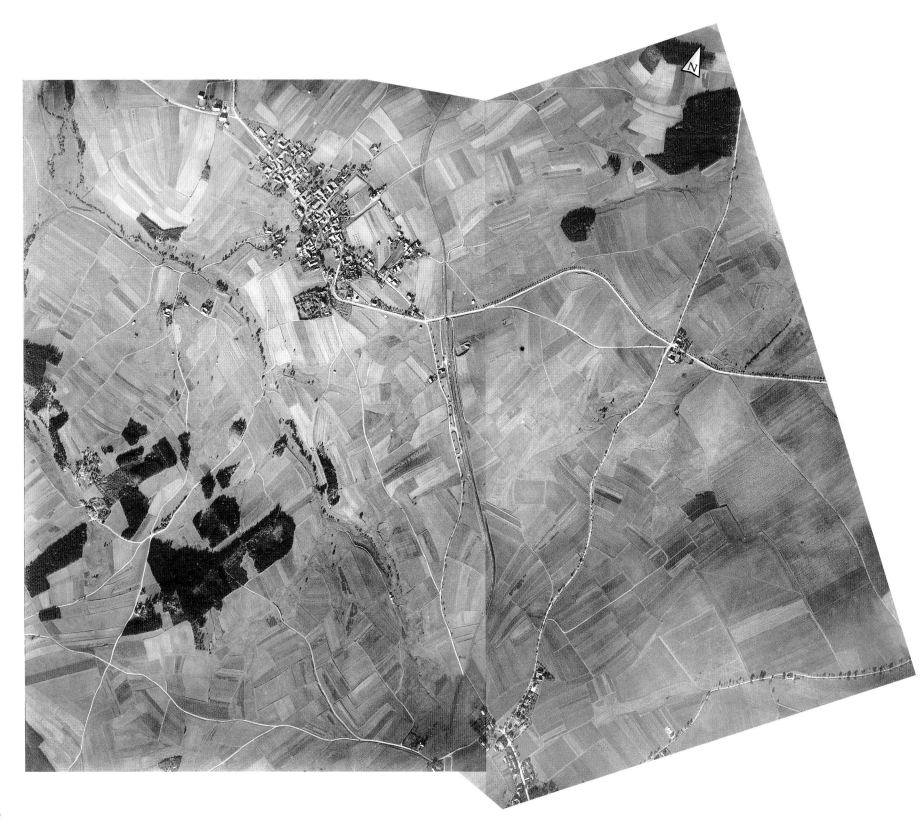

71 Großfriesen, „Lochschänke", Theuma

Die aus etwa 4.500 m entstandene Senkrechtaufnahme zeigt den gesamten Ort Großfriesen mit seinen wichtigen Straßen, die Bahnlinie Plauen/Chrieschwitz – Falkenstein, östlich davon die am Schnittpunkt bedeutender Verbindungen (Plauen – Falkenstein und Zwickau – Oelsnitz) gelegene „Lochschänke" und im S Theuma (angeschnitten).

N: Alte Plauener- mündet in Falkensteiner Straße ein, Großfriesen, Wegenetz zwischen Äckern und Wiesen, Bahnlinie, rechts Straße nach Neuensalz (B 169) in alter Führung.

O: „Lochschänke" an Straßenkreuzung Großfriesen – Mechelgrün und Neuensalz – Theuma, nordwestlich der „Lochschänke" alter, kürzerer Straßenverlauf nach Großfriesen.

S: Verbindungsstraße Mechelgrün (nicht im Bild) – Theuma, ein Teil von Theuma, nordwärts Straße nach Großfriesen längs der Bahnlinie und Abzweig Theumaer Weg nach links, westlich des Abzweigs der Marktsteig am baumbestandenen Kaltebach, Stöckigter Weg von Theuma aus über das Wegekreuz nach W.

W: Weg von Stöckigt nach Großfriesen, nach der Wegegabelung führt der „Krumme Weg" rechts abgehend ins Dorf, nördlich die drei Gehöfte am „Kalten Frosch", darüber Weg nach Kleinfriesen und der baumbestandene Kaltebach.

Bm: eingleisige Bahnlinie Plauen/Chrieschwitz – Falkenstein, Bahnhof Großfriesen an Verbindungsstraße nach Theuma, rechts Mahnpöhl (Höhe 454,3) mit aufgelassenem Steinbruch, nördlich alte Straße Plauen – Mechelgrün/Bergen an der zweiten Bahnunterführung.

W./L.

72 Tauschwitz

Tauschwitz, 1328 erstmals erwähnt, gehört seit 1903 zu Plauen. Wolken beschatten Teile des kleinen Ortes. Zu sehen sind mehrere Gehöfte, sowie zwei der teils von Bäumen verdeckten drei Teiche.

N: Rand des Reusaer Waldes durch die Tauschwitzer Straße nach O begrenzt. Darin sind zwei von Erdwällen umgebene „Pulverhäuser" (1905) zur Verwahrung von Sprengstoffen zu erkennen; rechts Schäferei an Gabelung Schäferei-/Nußbaumweg.

O: die Bebauung der Siedlung Sorga reicht bis zum heutigen Nußbaumweg, darunter zwei Teiche, deren Abfluß in den Friesenbach mündet (nicht im Bild).

S: Fahrweg in Verlängerung der Tauschwitzer Straße nach Stöckigt, links ist ein Steinbruch zu sehen.

W.

73 Stöckigt

Die Aufnahme zeigt den 1428 erstmals genannten, 1950 nach Plauen eingemeindeten Ort aus südöstlicher Richtung. Alle Wege wurden erst nach 1950 benannt.

N: Brander Weg, Schloditzer Straße aus Richtung Plauen kommend, Dreiseithof mit Gaststätte „Zum grünen Tal" und Teich an der Hauptstraße des Ortes, rechts Hüttel's Brauerei mit Schornstein am Erlengrund, daneben der zur Brauerei gehörende Teich.

O: Straße nach Schloditz mit Gasthof „Zur Sonne", südlich Dreiseithof am „Krähenwinkel" und darüber der zum Gut gehörende Küchenteich.

S: auf den Feldern runde „Strohfeime", der linke, nach S abgehende Kurt-Friedrich-Weg führt in Richtung Schäferei und Oberlosa.

W: Straße „An der Lohe" mit Schule, darunter der von Oberlosa kommende Stöckigtbach, der einige Teiche des Dorfes speist und in den Friesenbach mündet.

Bm: Rittergut Stöckigt als Vierseitgehöft mit links daneben liegendem, durch Bäume verdeckten Teich (Küchenteich), darunter der abgelassene Rittergutsteich, westlich davon der kleine Gutspark, südlich der Schule Rittergutsgarten.

W.

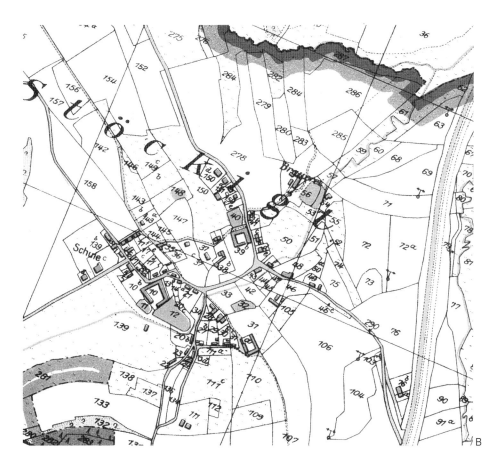

74 Thiergarten

Die von SW her gemachte Aufnahme zeigt den gesamten, erstmals 1301 überlieferten Ort, der seit 1950 zu Plauen gehört.

N: Weg nach Plauen (Försterweg), der sich mit dem in der Mitte sichtbaren Windmühlenweg trifft (außerhalb des Bildes), hell beschienener fensterloser Giebel der Schule, Dorfstraße, die weiter nordöstlich in die Hofer Landstraße (B 173) mündet (nicht im Bild). Dort befindet sich auch der „Gut-Heinrichs-Teich".

O: Wiesen und Äcker.

S: die grabenförmige „Kühgass" führt vom Burgteich her ins Dorf; von der Dorfstraße abgehender Fahrweg nach Meßbach, links „Wild's Teich" (angeschnitten).

W: Straße nach Kürbitz, darüber Försterweg.

Bm: Dorfmitte mit oberem und unterem Teich rechts der Straße. Der nur teilweise sichtbare Thiergartner Dorfbach verläuft längs der Dorfstraße, speist die genannten Teiche und mündet in den Milmesbach (nicht im Bild). „Gasthof Thiergarten" gegenüber oberem Teich, im unteren Dorf ist das Gasthaus „Schweizerthal" zu erkennen.

W.

B

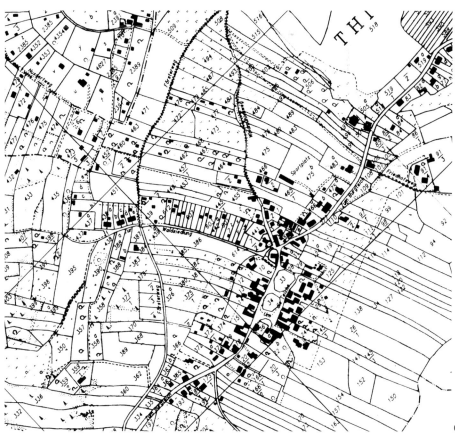
C

75 Straßberg

Straßberg, bereits 1194 erstmals überliefert, gehört seit 1999 zu Plauen. Im N reicht der Ort noch nicht über die Bahnlinie Plauen – Eger hinaus. Im S bildet die baumbestandene Elster mit ihrer breiten Aue eine natürliche Grenze.

N: Feldfluren in Richtung Kobitzschwalde, Rennerweg zum Broselbachgebiet, Kobitzschwalder Kirchsteig, Schafweg und die nach Neundorf führende Steingasse; rechts verläuft der Kirchsteig durch eine weitere Unterführung nach Neundorf.

O: Straßberger Straße, darunter die Elsteraue mit grasenden Kühen.

S: Bahnlinie Weischlitz – Gera mit Bahnwärterhaus am Übergang des Fahrweges zum bewaldeten „Zottner" (Höhe 419,8) auf dem von 1859-1901 und 1919-24 in der „St.-Anna-Fundgrube" Brauneisenstein abgebaut wurde (weiter zur Landstraße Thiergarten – Kürbitz hin, nicht im Bild).

W: Abzweig der Straßen nach Kürbitz und Kloschwitz, westlich davon überquert die Bahnbrücke Straße und Rosenbach, der im Ort in die Elster mündet.

Bm: am Steilhang über der Elsterniederung steht in Spornlage, auf einer frühdeutschen Befestigung, die weithin sichtbare Kirche (1576), unterhalb die Wirtschaftsgebäude des Rittergutes, westlich davon, etwa in Dorfmitte, die große Mühle mit Mühlgraben.

W./L.

76 Kürbitz

Die von S her gemachte Aufnahme erfaßt den gesamten, 1225 erstmals überlieferten Ort. Seit 1999 gehört Kürbitz zu Weischlitz.

N: Ortsteil „Galopp" mit Stickerei Gruber in baumbestandenem Grundstück, darüber Waldstück „der Flur", rechts Weg nach Straßberg und Bahnlinie Plauen – Eger, dicht mit Bäumen bestandene Elster, Bahnstrecke Weischlitz – Gera, Haltestelle Kürbitz und straßengleicher Bahnübergang am Zusammenschluß beider Bahnlinien.

O: Thiergartner Straße mit Sportplatz, darunter links unterer, rechts oberer Teich, südlich davon Straße nach Taltitz.

S: Kreuzberg (Höhe 416,0).

W: Weg nach Oberweischlitz, Auwiesen, von dichtem Baumbestand gesäumte Elster, Friedhof an der alten Straße nach Weischlitz.

Bm: Die im Renaissancestil 1626 vollendete, kunsthistorisch wertvolle Salvatorkirche (mit reicher Innenausstattung), darunter das v. Feilitzsche Rittergut, rechts Gasthof „Goldener Löwe" am Dorfplatz.

W.

77 Siedlung Neundorf, Unterneundorf

Unterneundorf, südlich des Rittergutes, ist in viele Parzellen aufgeteilt, die zum großen Teil noch als Gärten genutzt werden. Eine beginnende Bebauung ist auf den 1920 von der Stadt vom Rittergut Neundorf gekauften Flächen zu erkennen.

N: Oberneundorf, links darüber der Friedhof, Weg zur Zadera, Zwoschwitzer Straße.

O: Industriewerke A.-G. Plauen (angeschnitten) an Ecke Parseval-, Werder- (Ricarda-Huch-Straße); Neundorfer-, Mettestraße, ehemalige König-Georg-Kaserne (angeschnitten), Am Schanzgrund.

S: Lindemannstraße, „Nach den Kiefern", „Glückauf", Schurigstraße und „Am Steinpöhl".

W: der Steinpöhl (Höhe 424,0), „Am Steinpöhl", Schloßacker, Neundorfer Grenzweg, Kobitzschwalder Straße.

Bm: Rittergut Neundorf mit Park und großem Teich, nördlich Schulstraße mit Schule, Vettersstraße, Eichhübel (Höhe 423,6) mit Kirschen-, Wilhelm-Goette-Weg und „Nach dem Eichhübel", Wagnerstraße, Heimstätten- (Heineplatz), Schurigstraße, Hügel- (Blechschmidtweg), „An der Mauer".

W.

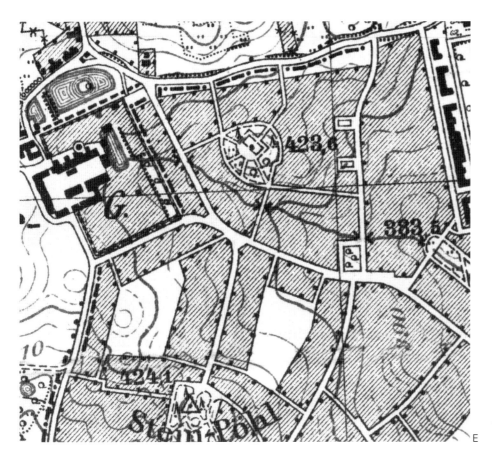

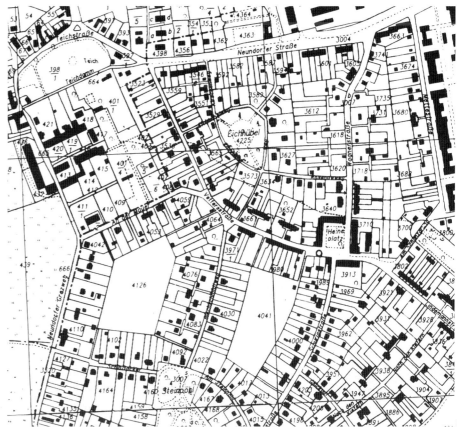

78 Rittergut Neundorf

Inmitten der Aufnahme liegt das Rittergut Neundorf, dessen gesamter Bereich von einer Mauer umgeben ist. Der große Teich wird durch einen schmalen Damm zweigeteilt, in seiner größeren Hälfte ist eine kleine Insel auszumachen. Der Gutspark liegt im südlichen Teil der sehr geschlossen wirkenden Anlage. Neundorf wird 1298 erstmals genannt und gehört seit 1999 zu Plauen.

N: Industriewerke A.-G. Plauen Ecke Parseval-/Werderstraße, Neundorfer Straße, am oberen Rand ehemalige König-Georg-Kaserne an der Mettestraße, darunter Wagnerstraße und Eichhübel.

O: Lindemann-, Schurigstraße, Hügel- (Blechschmidtweg), Neundorfer Grenzweg.

S: landwirtschaftliche Flächen, heute Wohnbebauung mit Eigenheimsiedlung und Seniorenresidenz „Elstertalblick".

W: Kobitzschwalder Straße, „Am Teich", Schulstraße.

W./L.

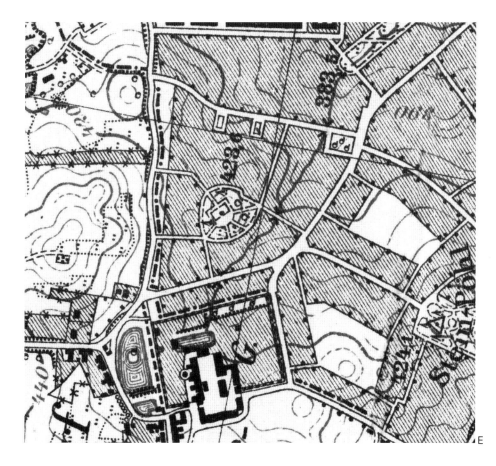

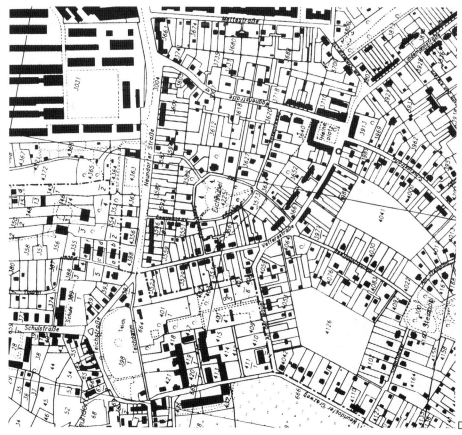

79 Oberneundorf

Aus etwa 400 m Höhe ist der gesamte Ortsteil Oberneundorf mit seinen vier hintereinander liegenden Teichen (heute noch zwei) am Anger zu sehen, der auch den alten Ortskern mit dem Gasthof „Zu den drei Schwänen" bildet.

N: nach dem letzten Teich links Straße zur Zadera, rechts Oberneundorfer Bach, Industriewerke A.-G. Plauen Parseval-/Ecke Werder- (Ricarda-Huch-Straße), südlich davon Gelände der späteren Hindenburg-Kaserne (1937).

O: Neundorfer Straße, weiter als Teichstraße um den Teich mit seiner Insel führend.

S: Schulstraße mit Gemeindeamt und Schule, Kreuzung Schneckengrüner Weg/Badestraße/Am Anger.

W: Feldmark in Richtung Zwoschwitz.

W.

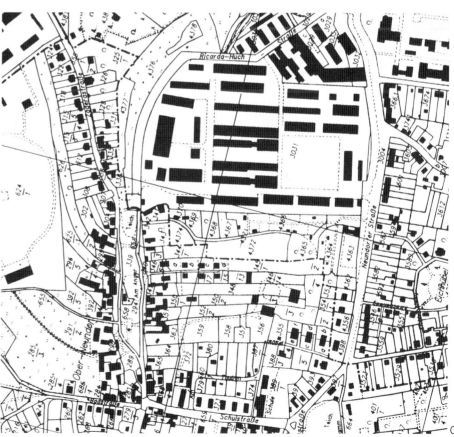

80 Zwoschwitz

In der Bildmitte liegt, erstmals 1282 überliefert, Zwoschwitz mit seinen zwei Dorfteichen, am südwestlichen Ortsrand reihenartig gebauten, jeweils zu den dahinter liegenden Höfen gehörenden Scheunen (hell besonnt).

N: Kauschwitz-/Zwoschwitzer Feldmark, nördlich vom Ort Straßengabel Zwoschwitz – Kauschwitz (Straße teilweise vom 457,5 m hohen „Kulm" verdeckt), rechts Fahrstraße zur Holzmühle.

O: Straße nach Plauen, Feldflur.

S: Straßenabzweig nach Oberneundorf und links in Richtung Schneckengrün.

W: der baumbestandene Zwoschwitzbach (angeschnitten) durchzieht den Ort neben der Talstraße.

L.

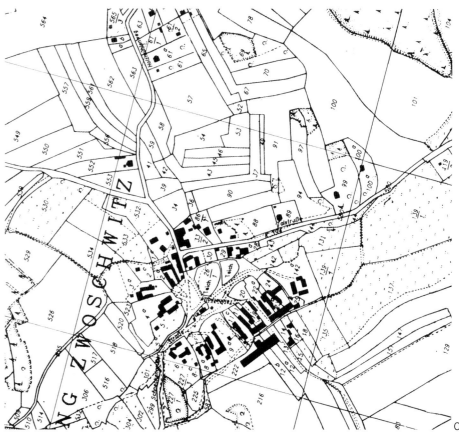

81 Gebiet zwischen Zwoschwitz, Oberneundorf und Dittrichplatzviertel

Die aus drei Aufnahmen bestehende Abb. aus großer Höhe reicht etwa von Zwoschwitz im N, bis zum Dittrichplatzviertel im O, im S bis zur ehemaligen König-Georg-Kaserne und einer Linie vom Steinpöhl über Oberneundorf bis zum Zwoschwitzbach im W.

N: Kulm (Höhe 457,5), Zwoschwitz mit seinen zwei Dorfteichen, am südwestlichen Ortsrand regelmäßig angeordnete Gehöftegruppe mit vorgelagerten Scheunen (hell besonnt), nördlich vom Dorf Straßengabel Zwoschwitz – Kauschwitz – Holzmühle, Zwoschwitzbach-Niederung, darüber Zennepöhl (Höhe 435,8 – dunkles, spitzdreieckiges Waldstück), Waldhorn (Höhe 439,2), von links in die Syra einmündender Zwoschwitzbach, Erfurter Straße, Kuntze-Park mit Spielwiese, am westlichen Waldrand „Rußhütte".

O: Stadtparkteich (angeschnitten), Tennera-Asyl, Wolfsbergweg, links Tenneraberg (Höhe 436,6) mit ehemaligem „ATP"-Sportplatz, nordwestlich davon im Walde Touristenhaus (1907), links daneben Rodelbahn Lärchenallee, Syrabach und Fußweg zur Holzmühle (nicht im Bild), Dobenaufelsen und -gut, Streitsberg, Poppenmühle, westlich davon Syratalbrücke (im Schatten), hintere Hainstraße, Richard-Hofmann-Straße (angeschnitten), Neundorfer Straße, Polizeipräsidium mit Garten, Blücherstraße, Staatsgymnasium, Sternplatz, Diesterweg- und Dittesschule.

S: Seehausgelände, Westbahnhof mit Strecke Plauen – Eger, Bahnüberführung im Zuge der Neundorfer Straße, nördlich darüber der kreisförmige Herrmannplatz mit Weisestraße (in Form einer „9"), westlich der Bahnlinie die noch kaum bebaute Raab- und Rankestraße, nördlich davon Birkenhügel (Höhe 419,5). Kasernenviertel mit markantem Rechteck der ehemaligen König-Georg-Kaserne (jetzt Behördenzentrum u. a.), ehemalige Roonstraße (später Dimitroff-, jetzt L. F. Schönherr-Straße) mit großen Textilfabriken.

W: Gelände zwischen Eichhübel (Höhe 423,6) und Steinpöhl (Höhe 424,9) mit Wagner- und Schurigstraße, Georg-Lehmann- (jetzt Heineplatz), Blechschmidtweg, Straße nach Unterneundorf, darüber ehemalige Industriewerke A.-G., Parsevalstraße, westlich davon ab 1937 Areal der ehemaligen Hindenburg-Kaserne, Oberneundorf mit Schul- und Badestraße, Warthübel (Höhe 467,5), westlich davon Friedhof (angeschnitten), darüber Freibad Neundorf (1925), durchflossen vom Geilingsbach, mit Sprungturm und Umkleideräumen (1945 abgebrannt), Waldgebiet östlich vom Hengerberg (Höhe 471,4), Zwoschwitzbach (angeschnitten).

Bm: Straße zwischen Oberneundorf, Kreuzung Kopernikus-/Fahrstraße durch das Syratal nach Haselbrunn („Panzerstraße"), östlich davon Zaderagut, darunter Eichhäuschen. Im Winkel zwischen Zadera- und Kopernikusstraße lag die ehemalige Kirchbach-Kaserne (1935; in den 90er Jahren abgerissen, jetzt Gewerbegebiet).

L.

Literaturverzeichnis

Albertz, J. / Lehmann, H.
Die Welt von oben – Kartographische Anwendung von Luft- und Satellitenbildern. Berlin-Brandenburg im Kartenbild (Tagungsbd. „Intergeo"). Berlin 2000, Kap. 7, 4, 9 ff.

Eichler, E. / Hellfritzsch, V. / Richter, J.
Die Ortsnamen des sächsischen Vogtlandes. 1. Das Namenbuch. Schriftenreihe Vogtlandmuseum Plauen H. 50, Plauen 1983.

Ewald, E.
Deutschland aus der Vogelschau. Berlin 1925.

Fröhlich, H. (Hrsg.)
Plauen und das mittlere Vogtland (Werte unserer Heimat Bd. 41), Berlin 1986.

Groehler, O.
Geschichte des Luftkrieges. Berlin 1981, 9 ff.

Hellfritzsch, V. s. Eichler, E.

Lange, B.
Typenhandbuch der deutschen Luftfahrttechnik. Koblenz 1986.

Lehmann, H. s. Albertz, J.

Mathieu, A. O.
– Vomag – Die fast vergessene Automobilmarke. Berlin 1994.

Richter J. s. Eichler, E.

Röber, M.
Plauen im Luftbild – die sächsische Großstadt vor 75 Jahren. Das Vogtland 1, Plauen 2004, 23 ff.

Seffner, W.
Die Rittergüter des Vogtlandes, ihr Schicksal im 20. Jahrhundert. Plauen 2002.

Weiß, F.
Plauen auf historischen Postkarten. Plauen 1991.

Adressbuch der Kreisstadt Plauen i. V. Ausgabe 1929.

Wir danken:

Cichorius, Christian; Seligenstadt

Faber, Gerhard; Mörlenbach

Kramer, Gerd; Plauen

Laser, Helmut; Berlin

Müller, Ute; Jößnitz

Ottiger, Heinz; Altmannsgrün

Richter, Johannes; Plauen

Steinmüller, Herbert; Jocketa